JN142961

アラン・コルバン

処女崇拝の系譜

山田登世子・小倉孝誠◉訳

藤原書店

Alain CORBIN
LES FILLES DE RÊVE
©LIBRAIRIE ARTHÈME FAYARD, 2014
This book is published in Japan by arrangement
with LIBRAIRIE ARTHÈME FAYARD,
through le Bureau des Copyrights Français, Tokyo.

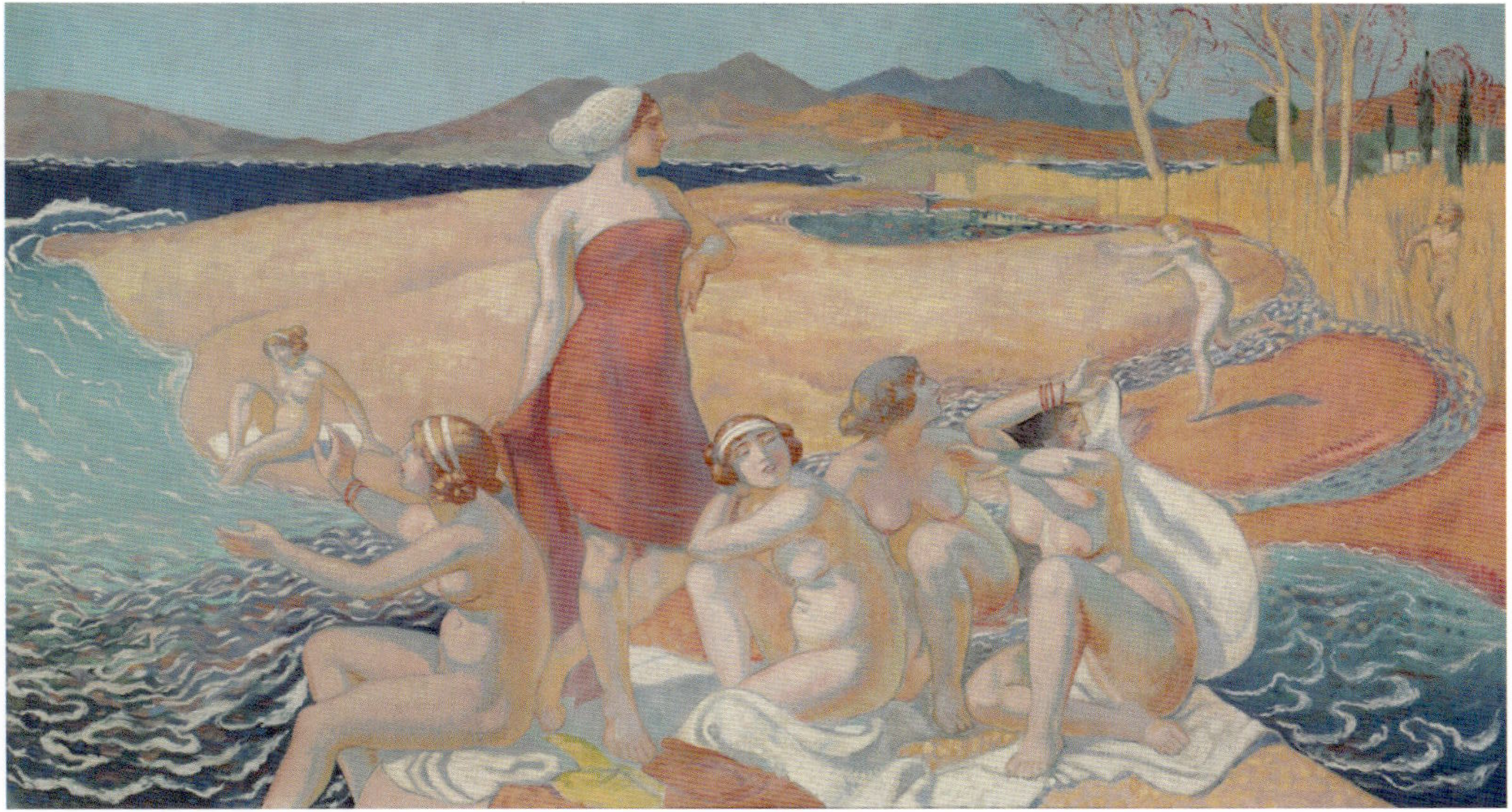

図 4　「ナウシカ」モーリス・ドニ作（個人蔵）

図5 「サンタ・トリニタ橋でのダンテとベアトリーチェの出会い」
ヘンリー・ホリデー作（リヴァプール、国立美術館）

図6 「ロール（ラウラ）・ド・ノーヴ」
オーギュスト・オタン作
（パリ、リュクサンブール公園）

図7 「ロメオとジュリエット」フォード・
マドックス・ブラウン作（個人蔵）

図８　「オフィーリア」レオポル・ビュルト作
（ポワチエ、サント＝クロワ美術館）

図９　「オフィーリア」ジョン・エヴァレット・ミレー作
（ロンドン、テートコレクション）

図10　「オフィーリア」オディロン・ルドン作（個人蔵）

図 11　「手紙を書いているパミラの部屋に B 氏が現れる」（ロンドン、テートコレクション）

図 12　「ウェルテル」トニー・ジョアノ作のエッチング、1844 年のポスター（パリ、フランス国立図書館）

図13　「ヴィルジニーの遭難」1806年版に付されたピエール・プリュドンの挿絵（パリ、フランス国立図書館）

図14　「アタラの埋葬」アンヌ＝ルイ・ジロデ作（パリ、ルーヴル美術館）

図 15　「グラツィエッラ」1931 年版に付されたウンベルト・ブルネレスキの挿絵（パリ、フランス国立図書館）

図 16　「クリュティア」ルイス・ウェルデン・ホーキンス作（個人蔵）

処女崇拝の系譜

目次

序　9
アルテミス／ディアーナ　ギリシア神話・ローマ神話　29
——近づきがたく、誇り高く、厳粛な美女——
ダフネ　ギリシア神話　37
——人、それとも植物？——
アリアドネ　ギリシア神話　43
「アリアーヌ、姉君よ、いかな愛の傷ゆえに、打ち捨てられし岸の辺で、みまかりしや」（**ラシーヌ**）
ナウシカ　ホメロス『オデュッセイア』　49
「白い腕の王女」（**ホメロス**）

イズー……ベルール『トリスタン物語』55
「すきとおった顔に金髪のイズー」（**ベルール**）
ベアトリーチェ……ダンテ『新生』『神曲』63
「我が欲望を鎮めてくれる美しき瞳の快さよ」（**ダンテ**）
ラウラ……ペトラルカ『カンツォニエーレ』73
「まなざしが我が心をさいなむひと」（**ペトラルカ**）
ドゥルシネア……セルバンテス『ドン・キホーテ』85
「私が息をするのは彼女によってであり、
私が自分の存在と命を汲むのは彼女のうちなのだ」（**ドン・キホーテ**）
ジュリエット……シェイクスピア『ロメオとジュリエット』95
「わがジュリエットの手の奇跡のような白さ」（**ロメオ**）

オフィーリア　「欲望の危険から身を遠ざけているようしておくれ」（**レアティーズ**）……シェイクスピア『ハムレット』　105
眠れる森の美女　「まばゆいまでの輝き」（**シャルル・ペロー**）……ペロー『眠れる森の美女』　115
パミラ　「泣くときほどあなたが美しいことはありません」（**主人**）……リチャードソン『パミラ』　123
シャルロッテ——薔薇色のリボン結び——……ゲーテ『若きウェルテルの悩み』　133
ヴィルジニー、アタラ　「私は光の粒子のようにどこまでも純粋で不変なのです」……ベルナルダン・ド・サン゠ピエール『ポールとヴィルジニー』／シャトーブリアン『アタラ』　141
シルフィード　「神秘と情熱のえもいわれぬ融合」（**シャトーブリアン**）……シャトーブリアン『墓の彼方の回想』　149

グラツィエッラ……ラマルチーヌ『グラツィエッラ』 159
「こころの甘美なやすらぎ」（ラマルチーヌ）

オーレリア……ネルヴァル『オーレリア』 167
「僕は、今の世の普通の女をラウラやベアトリーチェに仕立てあげたのだ」（ジェラール・ド・ネルヴァル）

イヴォンヌ・ド・ガレー……アラン＝フルニエ『グラン・モーヌ』 179
「日傘の白さに出会った、ある午後の思い出」（アラン＝フルニエ）

むすび…… 189

訳者解説　「夢の女」、男の幻想（小倉孝誠） 191
コルバンの仕事のカテゴリー／「夢の女」をめぐる考古学／ロマン主義の表象体系／「若い女」の神秘性

参考文献 212

凡例

一　原文の［　］（　）はそのままとした。
一　原文の《　》は「　」で示した。
一　原文のイタリックのうち、強調を示すものは傍点に、非フランス語を示すものは「　」を付すか、ルビを付した。
一　書籍・雑誌・映画の題名は『　』で、絵画・彫像等の題名は「　」で示した。
一　訳注は〔　〕で示した。

処女崇拝の系譜

チャールズ・フォスター・ケーンには二人の妻以外にも誰か愛した女性がいただろうかという質問に、同僚だったバースタイン氏はこう答える。「そんなこと、何がわかるだろう？　たとえば、僕のことを言うとね、僕は一八九六年にフェリーでニュージャージーに行った。僕の船は別の船とすれちがった。その船縁に、ひとりの若い娘がいた。白いドレスを着て、同じ白の傘を持っていた。僕が彼女を目にしたのはたった一秒間ぐらいだ。娘の方は僕を見さえしなかった。だけど、それからというもの、この娘のことを想わずにはひと月も過ごせなかったよ」

オーソン・ウェルズ『市民ケーン』（一九四一）

通りがかかりに一瞬見かけた女が新しい美のイメージを呼び覚まし、自分の感性にこれまでにない価値をさずけたのだった。その女の名も知らず、また会えるがどうかもわからないのに、もうその女を愛してしまっている。彼はそんな目に会った男にもひとしかった。

マルセル・プルースト『スワンの方』（一九一三）

序

「夢の乙女」〔本書原題〕の消失は、西欧の想像力の歴史のなかで大きな断絶をなしている。もう数十年も前のことだが、文学史家のジャン・ボリが述べていた。十九世紀の男たちは——たしかにはるか昔のことだが——「天使的な嘆願」と「売春宿での武勲」とのあいだをゆれていた、と。この二つの緊張関係を重視するなら、ここに集約された公式は本質的な問題を提示している。性行動の放縦な側面にかかわる現象は、多くの歴史家たちによってくわしく研究されてきた。艶書とそれが身体におよぼす影響、誘惑のプロセス、処女喪失の平均年齢、ありとあらゆる形式の売春などである。図書館には、高級娼婦や「有名な娼婦《オリゾンタル》」、宿命の女《ファム・ファタル》について書かれた文献が山をなしている。私としては、「娼婦《フィユ・ド・ノス》」や十九世紀の性的快楽のありかたに関心をいだいた。(1)

これにたいして、性行動のもう一つの側面、すなわち「天使的な嘆願」にかかわることは忘れられてしまった。その理由は明白である。このような女性観は、現代に生きるわたしたちの想像力や衝動、さらには科学や実践にももはや合致していないからである。一九六〇年頃に立ち起こったラディカルな過去との決別は、恋愛の一大側面を過去に押しこめ、理解不可能なもののカテゴリーに押しこめたばかりか、非難すべきもののカテゴリーに追いやったのである。

今日それをアイロニーもなく、罵倒もせずに語ることができるだろうか？　アナクロニズムに陥ることなく、それを再現することができるだろうか？　数世紀のあいだ――十九世紀をピークとして――男たち、なかでも文化的エリートに属していて、中学校《コレージュ》やリセ、さらには大学に通った若者たちは、女性との関係をもっていた。かれらは医師が交接と呼んでいたものを実践し、性的な興奮や快楽と呼ばれていたものを経験していた。かれらの経験は幼少の頃からで、「若い子守り」や売春婦を相手にし、あとは「お針娘《グリゼット》」や

「縫い娘《クセット》」や宿の女中などを相手にしていた。社会的表象として浮かびあがるこれらのカップル以外にも、かれらには愛人がいる場合が多く、女優や、夫のあるブルジョワの女が相手になっていた。そんななかで、かれらはラヴレース〔『クラリッサ・ハーロー』の誘惑者〕やヴァルモン〔『危険な関係』の誘惑者〕を演じようと努めていたのである。こうしたことはみなわかりきったことだが、念のためにもう一度確かめておこう。十九世紀の半ば以降、毒ある肉体は誘惑的であったのだ。さまざまな日記や書簡、回想録、自伝がそうした経験を書きつづっており、当時、それは「性的生活」と呼ばれていたもののなかに入れられていた。

けれども、歴史家たちがあまり言わないことなのだが、まさしくこれらの同じ中学生やリセの生徒たち、学校に通う若者たち、さらには所帯をかまえたブルジョワでさえ、これと並行して、精神も心も、「夢の乙女」につきまとわれていたのである。自己を語る記述のなかでも際立っている事柄だが、かれらはこう告白している。若い娘が目にとまったり、すれちがったり、時として言葉をかけたことがある、と。だが娘は誘惑しようとする間もなく、たちまち消え去ってしまった、と。それだけに、彼女たちは夢をかきたて、その面影は記憶に刻みこまれ、感傷的な追憶のうちに刻みこまれて、時として老年期になっても消え去ることがなかった。その強烈な印象は、やがて妻となり、子供たちの母となった、若き日の清らかな婚約者の印象をひそかに凌駕するほどだった。

いうまでもなく、このような夢の乙女の姿は、読書したり、絵画や彫刻を見たり、演劇やオペラに通ったりして培われたモデルからきている。これらのモデルへの憧れは、心身ともにステレオタイプ化した肖像となって表れ、またその感受性のありかたにも表れており、それ以上に、床を共にする女たちのところでは決して見出せないような決定的な美質に表れている。本書の目的はまさにここにあるのだ。すなわち、直接に性欲にうったえることなく恋心をかきたてるように導いた一連の紙上の乙女たちを選び出して、その姿を描き出すことである。

精神に占めるその存在感の大きさの順に、こうして選ばれた乙女たちを検討してゆきたいと思うが、その前に、彼女らの影響力を決定づけた特徴の主だったものをあげておこう。どの娘も、顔が美しく、色艶が美しい――たいてい白く光り輝くようだ――、目がきらきらと輝き、髪がきれいで、ふさふさと長い金髪が多い。また手やくるぶしの美しさも忘れてはならない。私たちが挙げてゆくテクストには、からだの丸みについてはふれられていない。逆にすらりと背がたかくてほっそりとした物腰は大きくあつかわれている。夢の乙女は自分の姿のエロティックな力を知らず、それをひけらかしたりしていない。彼女はつつましやかで、真面目で、おとなしい。近寄りがたいこともある。その物腰と慎ましさは、美徳を大切にしていることを表している。

優しさ――それこそ天使との類似性を現しているのだが――、感じやすさ――それは涙もろさに表れている――甘やかさ、勇気、不幸なひとへの憐れみ、ある種のはかなさといったものによって、乙女の肖像ができあがる。夢の女はあらゆる芸術表現に鋭い感受性を示す。彼女は詩情を好む。自然の美しさにはひときわ敏感である。一連の乙女たちは、後にみるように、程度の差こそあれ女性同士の友愛を思わせ、なかには夭折を定められている乙女たちがいる。それだけにいっそう男の胸に深い面影を残すのだ。

今日、彼女たちのおよぼした影響力を良く理解するのは難しいと思うので、夢の乙女の本質的な特性について詳述しなければならない。つまり私が語りたいのは、処女性のことである。残念ながら、かくも長い世紀にわたって重大であったこの概念について書かれた、新しい決定的な歴史は存在しない。そもそもからして、男たちの精神にあって、夢の乙女は処女であり、無傷で、護られているのだ。「すべての時代、すべての国の人びとは、処女性について素晴らしいという思いを抱いている」。フランソワ＝ルネ・ド・シャトーブリアンは一八〇二年に書いている。加えて彼はこう附している。「そのさまは、夜の清新な宇宙のなかに、神秘的な恥じらいをさまよわせているあの月の様子にそっくりだ」と。もろもろの詩人たちが、「自然の三界〔動物、植物、鉱物〕において」、処女性は「美の優雅さと完璧さの極み」であると語ってきた。ミューズたちが永遠の若さを保っているのは処女性のおかげなのだ。シャトーブリアンは、要するに処女性は「若さの魅惑」(2)の一部をなしているのだと結んでいる。

古代ギリシアでは、恥じらいと結びついた処女性が陶器像に描かれ、後には、帝政期の物語に描かれている。特に婚姻の折が重要で、婚礼とは「処女神」パルテノスを「女性」ジニーに変えることなのである。「処女性」パルテニアは不可視だが、宝なのだ。無傷なからだは無垢な心のしるしなのである。(3)キリスト教は、ギリシア正教の教父たち（アレクサンドリアのアタナシウス司教、バシリウス、ニッサのグレゴリウス司教、ヨハネス・クリュソストモス）とラテンの教父たち（アンブロシウスとヒエロニムス）の筆をとおして、処女性に新たな特質をあたえた。キリスト教にとって、処女性はたんに身体上のものにとどまらず、魂のうちに有る品格なのであり、バシリウスによれば、「雲間の太陽」のように身体に描き出されるものなのだ。キリスト教的な処女性はたんに無垢の乙女のそれだけではない。十七世紀には、ボシュエが明快な定義をくだしている。バシリウスに拠ってアウグスティヌスを引用しつつ、処女というものは「その肉のうちに全く肉的でない何か」を有しており、「処女性というこの美しい光は魂のうちにしかと座を占めているので、身体を輝かせてそれを神聖化するのである」(4)と彼は記している。処女性は、倫理神学が重視し、告解という実践が重視するもの、すなわち、あの純潔というものに属しているのである。ボシュエはこの純潔について泉の比喩によって明確に定義づけている。純潔とは「いかなる混ぜ物によっても汚されず、けがれのないものである。たとえば岩から湧き出た泉が、流れのなかでもあくまで清く、純粋で、混ざりものなど何ひとつないのと同じことだ」と。

かつて、近現代が明けそめた時、ノルベルト・エリアスによって明らかにされた「文明化の過程」は、かたく保護されて護られた処女性という規範を強調したものだった。ジョルジュ・ヴィガレロは、革命前の時代に強姦が重罪であったのは、家族が詐欺罪に問われるからであったことを明らかにした。それというのも娘の処女性は家族の富であって、それが損なわれると、娘が淫欲に目覚めかねないという恐れが浮上したからである。

こうした身体と魂の複雑な相互作用にあって、処女のなかの処女とも言うべきマリアのあがめられるべき位置はどのようなものであろうか？　マリアと夢の乙女との関係は単純ではない。西欧におけるマリア崇拝の広がりはかなり遅いから、なおさらである。その始まりは、大聖堂時代（十二、十三世紀）、および宮廷風恋愛誕生の時代からである。アンブロシウスによれば、マリアは精神の処女であった。シャトーブリアンがコメントを寄せて語っている。「素晴らしい純真さとつましい雰囲気をそなえ、口数は少なく、思いたつことは叡智に満ちている。立居ふるまいは慎ましやかで、歩きかたも女っぽいようなところが微塵もなく、話し声も遠慮がちである」。この描写のなかで本質的なものは、沈黙の内面性である。「天使ガブリエルがうやうやしく挨拶をしたとき、マリアは黙って聞いていた[5]」。

こうしてみれば処女マリアは夢の乙女なのだろうか？　むろんのこと、そうではない。倫理神学からすれば、マリアのことを想い、さまざまに描かれたその姿を官能的な思念をもって眺めることは、死に値する罪である。マリアは、あの聖ブランディーヌ〔リヨンのブランディーヌと言いならわされている聖女。他のキリスト教徒たちとともに殉死した。リヨン市の守護聖人の一人でもある〕やジャンヌ〔・ダルク〕のような感動的な聖女と同様、本書を構成する聖徒たちの一人ではない。マリアは恋愛感情をそそらないのである。

恋愛感情の方に話をもどそう。夢の婚約者、私たちが関心を寄せるのは彼女である。その乙女は、とシャトーブリアンが続けている。「愛の始めのあの歓喜を分かちもち、そしてこの愛は消え去ることがないので、その神秘は無邪気さと純真さからなる神秘なのだ」。婚約者にもなりうる夢の乙女は、繰り返し言うが、無傷なのである。彼女は誘惑に身をさらさない。ジャン＝ジャック・ルソーの作品を考えてみよう。新たなエロイーズであるジュリー・デタンジュは、十九世紀の教育者たちに罵倒されることになるのだが、誘惑者に身をまかせてしまう――サミュエル・リチャードソンのクラリッサ・ハーローと同じように。それゆえ、後にもふれるが、ジュリーは夢の乙女にはなりえない。けれども同じジャン＝

ジャックによる『エミール』においては、これから旅立とうとする青年の前で、婚約者のソフィーの額には、美と優雅にならんで、とりわけ慎ましさが輝いていたと語られている。

十九世紀の処女性の歴史はきわめて複雑な様相を呈している。若い娘の保護は何にもまして重大な関心事であった。そのことは倫理神学の領域でも明白な重大事であった。司祭たちは何にもまして若い娘の純潔を――そして青年たちの純潔をも――保つことに心を砕いた。初めての聖体拝領にまとう白いドレスはその象徴であり、もちいられる用具も――さらには行いも――娘を罪からまもるためのものである。詳述は割愛するが、聖女フィロメナ〔ローマ教会の聖女、十九世紀から二十世紀にかけて熱烈な崇拝の対象となった〕崇拝は、このような処女崇拝の極みを象徴していた。この聖女は決して実在していなかったのだが、アルスの司祭はこの聖女のおかげで数々の奇跡をなしえたという。伝説の語るところによれば、フィロメナは皇帝ディオクレティアヌス〔在位二八四―三〇五。キリスト教を迫害した〕のものになるのを拒んで死を選んだといわれている。十九世紀半ば、多くの娘たちが無傷な身を保つために聖女フィロメナに祈りを捧げていた。この目的のために、聖女のものだったとされている帯を身につける娘たちもいた。同時に、宗教画や敬虔なイメージが

「処女であること《ヴィルジニタス》」を高く誉めあげた。たとえば薔薇の冠の乙女を選ぶ選挙のような宗教性のない儀礼においても、同じことが重視された。花嫁が白いドレスをまとうようにと決められたのも、十九世紀後半のことである。言うまでもなく、白は純潔の象徴なのである。

社会体制の深みにおいて、娘の純潔が問題となる事柄がいくつか存在した。たとえばジェヴォーダン地方〔フランスの中部〕の遺産相続権を有する家族──つまり増えてきた家族──のなかで、「相続人」は処女でなければならなかった。奉公人として雇われたお手伝いの娘たちとはこれとは対照的だった。(6) 実際、雇われた奉公人が十七歳になると、処女剝奪がよく行われたものであった。

医者や患者の家族たちは、娘の初夜に重大な関心をはらっていた。彼らによれば、新郎は、この夜に自分の肉体的な花嫁となる婚約者の処女性を気づかうべきであった。彼は花嫁が自分のそばで花嫁となる修練をつむのだとわきまえていた。逆に、娘が知りすぎていて、比較ができたり、後悔とはいわなくても失望を感じたり、むやみに愛撫をねだったり、逆に新郎を愛撫しすぎたりすることを恐れていた。一九三二年に刊行された『蝮の絡みあい』と題した小説のなかで、フランソワ・モーリヤックは、彼が初めての相手ではないと妻に告白された花婿の苦悩――決定的な苦悩――をそのように描いている。

くわえて、十九世紀には、浸透論なるものが依然として信じられていた。それによれば、最初の相手の精液が女性の身体にしみこんでその後の妊娠を決定づけるのである。また、女性が続けて二人の男性と性的交渉をもったら、同時に二人の子を妊娠するという過受精現象も信じられていたから、花嫁が処女でなければならないという必要性はなおさら大きかったのだ。くわえて遺伝性梅毒による性病の危険も考慮にいれられていた。

以上、ざっと記してみただけでも、すべてが、本書で論じられる娘たちは皆そろって羞恥心に満ちているものだという想像力の強固な形成を理解するのに役立っている。残された課題は、これらの夢の乙女たちがいかにして消えていったのかを知ることである。その消滅は、いくつかの段階を経て完了した。十九世紀の半ばから、繰り返しになるが、作家たち、詩人や小説家たちは毒ある娘や女たちを描く方を選んだのだ。選ばれたのはすなわち売春婦であり（ジョリス＝カルル・ユイスマンス、ゴンクール兄弟、エミール・ゾラ）。サッフォーの女たち（アルフォンス・ドーデ）、放蕩に身をゆだねる姫君（ジャン・ロラン）、倒錯者（ペラダン卿）、ヒステリーの女たち（舞台で勝ち誇るサロメ）……マリオ・プラーツは、当時の想像力にあって、肉体と悪魔とのあいだに結ばれた絆を見事に跡付けたものだ。(7) ギュスターヴ・フロベールは二十一歳のとき『十一月』で、放蕩のせいでやつれた娘の魅力を強調した。それ以来、娘たちは夢の乙女からはるか遠くなり、ベルナルダン・ド・サン＝ピエールのヴィルジニー〔『ポールとヴィルジニー』の主人公〕からも、シャトーブリアンの妖精からも遠い存在になったようにみえる。ただ何人かの象徴派の芸術家(ピエール・ピュヴィス・ド・シャヴァンヌ)や、宗教性を乞い求めた芸術家(モーリス・ドニ)たち、さらにはラファエロ前派の芸術家たちが夢の娘たちや女たちの肖像をさしだしている。要するに歴史は堆積とギャップからなっているのである。

だがそれは本質的なことではない。この時期にこそ恋愛遊戯の大世紀(一八七〇―一九六〇)が始まるのである。(8) さまざまな理由から、教養のあるエリートの娘たちが神秘性を失っていった。彼女たちは旅行にでかけ、スポーツをやり、温泉地によく通う。昔とくらべて大胆な恋愛小説を読むこともゆるされた。それ以後というもの、彼女たちは求愛のまなざしを交わすこともうけいれ、はじめはかすかだが次第に熱をおびてゆくふれあいや愛撫もうけいれた。彼女たちは、マルセル・プレヴォーが一八九四年に「半-処女」と名づけた存在、当時流行していたハネムーンを待つ女たちになったのである。第一次世界大戦は女性解放の動きを早めた。

とはいえ、一九五〇年末までは、ことに貴族階級と大小のブルジョワ階級のあいだで処女性の価値は残っていた。実際、楽しんでつきあうということは相手に身をまかせるということではないからだ。車に乗ってはしゃいだり、「ダンスパーティ」を愉しんでいたりしていても、妊娠の恐れが遊ぶ娘たちの多くをひきとめた。ダンスパーティはアメリカ映画の真似だったが、それだけにこの階層の青年たちは——私が考えているのは地方の大学生だが——、花嫁にする娘は、それまでの遊びでもすっかり夢中にならずに節度を保っていた娘を選び続けた。婚約者のイメージには、ゆきすぎた快楽の猛威の跡をのこしてはいないかという疑念がつきまとっていた。ジークムント・フロイトそのひとも、婚約者マルタ・ベルナイスとの交友に数年かけていたのではないだろうか。

一九五〇年代の終わりになるとすべてが変わってしまう。この一〇年間が転換点になっているのである。新しい避妊法の確実性が高くなり、なかでもピルが状況を変えた。これとともに、処女性や慎ましさや遠慮深さ、純潔、羞恥心、はかなさなどは彼方にしりぞいてゆく。ということは、何世紀ものあいだ夢の乙女の属性をなしてきたものがもはや通用しなくなったということにひとしい。以後、「貞操」というものは目的もなく利点もない価値になってしまった。ことに決定的な変容をきたしたのは、欲望の時と夢の時、そして快楽の時のとらえかたである。若い娘たちは最後の決定的な賜物、素晴らしい王子様を夢みる眠れる森の美女が期待しているあの賜物をじっと待ち続けるような忍耐心をしだいに失くしてゆくのである。それからというもの、手ほどきの時と断続的な快楽の時という短い時間がたち勝ってゆく。長い幸福に値するために待つということを知っていた、輝かしくも慎ましいあの処女の婚約者というものの価値はすたれたのである。脳病理学や心理学者から見た「情熱」という言葉は、意味するものが変わってしまった。以後それはホルモンの流れ——あの名高い三年間の欲望の持続——と同義になってしまう。そうして一九六〇年代初頭までの意味とは逆の意味に与するようになるのである。

一九七〇年代になると、淫蕩さは露骨になり、ポルノやセックスショップがのさばり、セックスの技法を語るラジオ番組が誕生し、「セックス玩具」が生まれて、これらすべてが想像力をくつがえし、性行為の解放をうながし、なかでも感情生活のリズムを早めた。

教育学者も、思春期になれば肉体関係を持ったほうがいいと言う。それらすべては私たちの研究対象でもないし、私たちの能力を超えた事柄である。いわんや、こうした時間感覚の変容がもちきたらせる社会的、感情的影響についても同様だ。男女の結合は、婚姻であろうとなかろうと、短期的関係になり、片親だけの家庭や複合家族が増加してゆくといった傾向等々、私たちの研究を超えている。ベッドを共にすることはなく、大人になるまで男の夢であり続けた乙女たち、ウジェーヌ・フロマンタンのドミニックの愛の想像力を死ぬまで支配したあのマドレーヌのような乙女は、もはや考えられないものになってしまったのだ〔フロマンタンの小説『ドミニック』、一八六三、への言及〕。そうしたすべてはディアーナに対するヴィーナスの勝利をあかしている。それ以前、ディアーナの姿は男性の想像力に大きな位置を占めていたのだが。

こうしてみれば、このような過去を理解しようとする私たちの探求の歩みはいかなるものになるのだろうか。私たちは、二十世紀半ばの革命に先立つ時代の男性にとって夢の乙女であった娘たちを、一九人選んでみた。神話に現れた乙女（四人）、ことに文学に現れた乙女たち（一五人）である。それぞれについて、最新の文学史的研究成果を要約するつもりはない。それをやろうとすれば長大なシリーズが必要になるにちがいないからだ。私たちの目的は、時の流れのままに、強いインパクトをあたえた乙女たちの姿を選りだして、彼らの夢を養ったこの乙女たちについて、後続する世代の男たちが何を知りえたかを理解しようとすることである。

原注

（1）この注に挙げたのは、近刊で入手しやすいもの、慎ましい夢の乙女の形象を描いている作品の主だったものにかぎっている。もちろん、私が依拠した諸版を校訂した専門家たちによる紹介や注解の数々もここにふくめられている。これらの諸版に付された文献目録は、文献にあげられたしかじかの乙女について知識を深めたいと望む読者の要望に応えてくれるにちがいない。序と乙女に関する各章のなかでは、参照諸版のほかに、特に本書の主題にかかわっている珍しい著者のものをつけくわえた。それは、巻末に付したそれぞれの乙女に関する参考文献にあげている。Jean Borie, *Le Célibataire français*, Paris, Sagittaire, 1976 には問題の定式化がみられる。エロティック文学については、Jean-Marie Goulemot, *Ces livres qu'on ne lit que d'une main. Lecture et lecteurs de livres pornographiques au XVIIIe siècle*, Paris, Minerve, [1991] 1994, また Michel Delon の数々の傑作もあり、サドの著作については、Paris, Gallimard, « La Pléiade », 1990-1998 を参照。Alain Corbin, *Les Filles de noce. Misère sexuelle et prostitution au XIXe siècle*, Paris, Aubier, 1978, et

Flammarion, coll. « Champs », 2010（アラン・コルバン『娼婦』杉村和子監訳、藤原書店、一九九一年）; *L'Harmonie des plaisirs. Les manières de jouir, du siècle des Lumières à l'avènement de la sexologie*, Paris, Perrin, 2008, et Flammarion, coll. « Champs », 2012（『快楽の歴史——啓蒙の世紀から性科学の誕生まで』尾河直哉訳、藤原書店、二〇一一年）; Alain Corbin, Jean-Jacques Courtine et Georges Vigarello (dir.), *Histoire de la virilité*, Paris, Le Seuil, 2011, vol. II, p. 125-154 et 351-367（『男らしさの歴史』II、小倉孝誠監訳、藤原書店、二〇一七年、一六七—二〇八、四七三—四九五頁）.

（2）処女性についての引用。François-René de Chateaubriand, *Génie du christianisme*, texte établi et présenté par Maurice Regard, Paris, Gallimard, « La Pléiade », 1978, p. 502-503, 505 et 1295（フランソワ＝ルネ・ド・シャトーブリアン『キリスト教精髄』1・2、田辺貞之介訳、創元社、一九四九・一九五〇年）.

（3）Alain Corbin, « Conclusion à "La pudeur", séminaire de l'école doctorale d'histoire de l'université Paris 1/Panthéon-Sorbonne », *Hypothèses*, n° 1, 2009, p. 155-160.

（4）*Œuvres oratoires de Bossuet*, Paris, Desclée de Brouwer, 1927, « Sermon sur la virginité », 一六六四年五月八日、ルーヴル宮殿における説教と推定、p. 560, 565 et 566; Georges Vigarello, *Histoire du viol, XVIe-XXe siècles*, Paris, Le Seuil, coll. « L'Univers historique », 1998; Philippe Ariès et Georges Duby (dir.), *Histoire de la vie privée*, Paris, Le Seuil, 1987, 特に « De la Révolution à la Grande Guerre », dirigé par Michelle Perrot ほか。

（5）F. -R. de Chateaubriand, *Génie du christianisme*, 前出。

（6）Élisabeth Claverie et Pierre Lamaison, *L'Impossible Mariage. Violence et parenté en Gévaudan, XVIIe, XVIIIe et XIXe siècles*, Paris, Hachette Littérature, coll. « La mémoire du temps, 1 », 1982. ここに引用され

ている、科学的信念についての Anne Carol の研究も参照のこと。

（7）Mario Praz, *La Chair, la mort et le diable dans la littérature du XIXe siècle. Le romantisme noir*, Paris, Denoël, 1977, et Gallimard, coll. « Tel », 1998（マリオ・プラーツ『肉体と死と悪魔』倉智恒夫他訳、国書刊行会、一九八六年）.

（8）Fabienne Casta-Rosaz, « Le Flirt. Pratiques et représentations en France de 1870 à 1968 », thèse, université Paris 1/Panthéon-Sorbonne, 2008.

アルテミス／ディアーナ

――近づきがたく、誇り高く、厳粛な美女――

ギリシア神話・ローマ神話

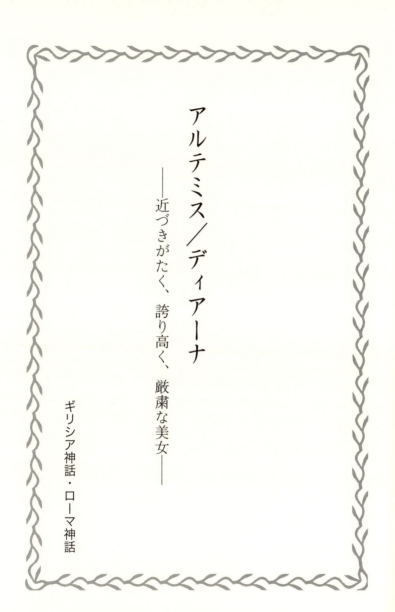

アルテミスは――古代ローマではイタリアのディアーナと混同されることになるが――ギリシア神話のなかではゼウスとレトのあいだに生まれた娘である。彼女は兄のアポロンと同じくデロス島で生まれ、いろんな点でアポロンを女にしたともいえる特徴をそなえ、アポロン同様にミューズたちに守られている。美にたいする感受性は、この芸術の女神、ことに歌の女神である彼女の本質的特性をなしている。

アルテミスはなにより森と泉のほとりを好む。自然と強い絆で結ばれているのが彼女の本性であり、彼女の野蛮な性格にそれがあらわれている。ディアーナは疲れを知らぬ狩猟者であり、さまざまな芸術家たちはいつもそのような姿でディアーナを描いてきた。彼女の性格は、彼女が森で追いかけてゆく野生動物と混同されているきらいがある。ローマ人は古代ギリシアのアルテミスを、山と森の女神であり、トスクラムとカプアに神殿のあるイタリアのディアーナに置きかえたが、この自然との強い結びつきはそれでいっそう強まることになった。アウグストゥス皇帝がディアーナのために建てた神殿をみてもそれがうかがえる。

アルテミス／ディアーナは女性たちにとっての女神である。その貞潔は絶対的で、永遠の処女であろうと決意をかためている。それゆえ彼女は、男が近づきがたい美貌の象徴なのであって、恋する女の美貌の象徴ではありえない。アルテミス／ディアーナはヴィーナスの対極にある女性像であって、この二つの女性像の緊張関係は本書の要となっている。このような見方にたてば、ヘカテやセレネ同様、ディアーナは月の女神である。しばしば三日月と共に描かれている。「森の処女であるディアーナは、自分の棲みかである森陰に身をひそめている。そこは、ミューズやニンフといった仲間たちをのぞいて、人間は決して入りこむことのできない場所なのだ」とロバート・ハリソン〔一九五四—。イタリア文学者。スタンフォード大学教授〕は書いている。その恥じらいと完璧な貞潔ゆえに、ディアーナは男を寄せつけないし、男にとっては危険ですらある。ディアーナはその見事な裸身を見られないようにと護っており、どんなに危険な獣でも追ってゆく彼女は、おそろしい姿に化身するすべも知っている。不幸な狩人アクタイオンがその例証だが、彼の死は後世の作家や画家たちにインスピレーションをあたえた。この神話中の狩人はアリスタイオスの息子で、ケンタウロス族のケイロンに育てられ、当代随一の狩人になった。たまたまディアーナが水浴するところを目撃したところ、この残忍な女神は彼を鹿に変えてしまった。すると彼が率いていた猟犬たちがたちまち彼を食いちぎってしまったのだ。

こうしたすべての性質に似つかわしく、ディアーナは誇り高く厳粛な若き美女として描かれ、たいてい軽やかなロングドレスを着て裾をもちあげているが、時代とともに短いドレスをまとう姿になってゆく。この形象は紀元前四世紀頃から芸術家によって形づくられたが、近代もまたそれを継承している。かれら芸術家が描くディアーナの美しさには、官能的につけいる隙がまったくない。彼女は欲望をもてあそんだりはしないのだ。この乙女は憂いに沈んで横たわるようなことも絶えてない。描かれるのはふつう立ち姿である。立居振舞は慎ましいが、優雅なそぶりをみせないわけではない。ほとんどいつも、繰り返しておくが、弓と矢筒を持った狩猟の姿で表され、ときに犬や雌鹿や雄鹿と共にいる。足にはサンダルを履き、髪を束ねて結いあげて歩く姿が描かれている。とはいえ、彫刻であれ絵画であれ、身じたくをしている姿も描かれているが、誘惑のためではなく、狩猟の準備のためなのだ。

欲望を近づけないこの美貌の女神は、だからといって孤独なわけではない。女性の軍勢に囲まれているからだ。牧神やサテュロスに捧げられるニンフではなく、ゆらぐことのない処女性をそなえた貞潔な美女たちである。ディアーナがかきたてる夢は、これらの清らかな仲間たちによってなおさら濃密になってゆく。木陰に身をおき、しばしば泉のほとりにいて、森のただなかに裸身をさらしている彼女たちは、女たちの裸身の豊穣さを夢見させる。その裸身は欲望の混じりけのない自然の発露であるかに見えるだけに、いっそう夢想に誘う。これについては、芸術家たちが彼女たちの仲間の一人に罰を科して、貞潔をたもてずに妊娠してしまった姿を描くこともしばしばである。

ディアーナは何世紀も絶えることなく彫刻になってきた。フランスだけに限ってみても、ジャン・グジョン〔一五一〇―七二〕、ジャン＝アントワーヌ・ウードン〔一七四一―一八二八〕、アレクサンドル・ファルギエール〔一八三一―一九〇〇〕の作品がある。リュクサンブール公園にあるルイ・オーギュスト・レヴェックの「狩りをするディアーナ」〔一八六九〕も忘れてはならない（**図1**）。男から見ると、「娼婦」であれ、愛人であれ、束の間の関係に誘った相手であれ、愛の抱擁が終わったときに、ディアーナは、無傷で、誇り高く、厳粛な女性という夢を見させてくれる。その美は隠されていても、すらりとしたシルエットにあらわれており、詩情や繊細な感情にもつながっている。ときに残酷だが、潔癖で、裸身をさらさずに身をまもっている。しどけないポーズをとってからだの線を見せて誘惑したりなどしないのだ。ディアーナは、官能の失望や疲れで逃げたくなったりするとき、近寄りがたいものに結びついた愛がありうるのではないかという夢を見させてくれるのである。

ベンヴォーリオがロメオにむかって、まだ名も知らないのに深く愛してしまっている娘はどんな娘なのかとたずねたあと、こう宣告する。「それはディアーナだ」と。それより数世紀前には、ペトラルカが『カンツォニエーレ』〔十四世紀〕でラウラの残酷さを描いて、恋に囚われた苦しみをアクタイオンの悲劇的運命にたとえている。

僕は魅力的で残酷なその獣が泉で裸になっているのを見た。太陽がいちばん高い時間だった。一目みただけですっかり魅了された僕は、たちどまってじっと眺めた。すると彼女は羞恥心を傷つけられて、復讐するためか、あるいは自分の姿を隠すためか、こちらの顔をめがけて水を浴びせた。こう言うと嘘のように聞こえるかもしれないが本当なんだよ——僕は自分の姿かたちがなくなって、森から森へと追い立てられて逃げまどっている鹿になってしまったような気がした。自分の猟犬の吠え声から逃げなきゃならなかったのだ。

ずっと時代を下ると、ネルヴァルが『幻想詩集』〔一八五四〕でアルテミスに一篇を割いている。さらに近いところでは、『失われた時を求めて』〔一九一三—一七〕の語り手が、バルベックのグランドホテルで貴族のディアーナであるステルマリア嬢に魅了される。その近づきがたさは、「貴族の血筋の古さ」に現われていて、彼女はその証しなのである。とはいえこうして挙げてゆくまでもないだろう。リセで読んだテキストや美術館で見た絵画、公園にある彫刻など、ディアーナの姿とアンチ・ヴィーナスだというその特性の諸相は、何ダースもの数におよぶにちがいない。軽やかなロングドレスを身にまとい、彼女を崇め敬う仲間たちにかこまれた、貞潔だが優雅な乙女、このディアーナは、容易に近づけないとわかっているからこそ、夢の乙女の本質的な原型をなしている。世紀から世紀へと絶えることのないこの決定的モデルこそ、男が束の間の抱擁から逃れでるとき、その想像力に強くはたらきかけてきたのである。

ダフネ

――人、それとも植物?――

ギリシア神話

一連の夢の乙女のただなかに、樹木に変身したという物語で知られるニンフがいるのはなぜだろうか。この問いに答える前に、ボルゲーゼのギャラリーに置かれているベルニーニ〔一五九八―一六八〇。彫刻家、建築家、画家。第二のミケランジェロと言われるほど多才であった〕の傑作を見てみよう。十七世紀にローマを訪れる者は誰しも訪れて感嘆したといわれている彫刻である（**図3**）。この彫刻家は、オヴィディウスが詳しく語っている変身の決定的瞬間をとらえている。キューピッドの矢に射抜かれて彼女を愛さざるをえなくなった太陽神アポロンの火のような欲望をかきたてる見事なからだを見せながら、ニンフは男性の誘惑の象徴であるこの神を前にして必死の力で逃れようとしている。それというのも彼女もまたキューピッドの別の矢に射抜かれて、誰をも愛せなくなっていたからだ。恐怖におびえる彼女は、父である河の神――テッサリアの谷を流れる河の神――ペネイオスにアポロンの求愛からまもってくれと頼む。ベルニーニはダフネがまさに月桂樹に変身する時のふたりの人物をとらえている。

実を言えば、オヴィディウスによって描かれたシーンには曖昧さが残っている。というのも樹木になったニンフはアポロンの告白をうけいれているからであり、樹皮の下でなお脈打っているダフネの心臓の音をきいたアポロンは、それからも決して彼女のことを忘れず、月桂樹を自分のエンブレムに選ぶからだ。物語は、ダフネの本性ははたして人間なのか植物なのかと考えさせるようにできており、変身のせいで元の状態に戻っただけではないかとも思わせる。ベルニーニによってそのまったき美しさをあらわした夢の乙女は、女性と植物の近しさを明かしている。美しい娘を指して、俗に「きれいな植物 belle plante」だと言うではないか。

こう問うてみるのは無駄ではなく、多くの作家や芸術家たちが、半ば公然と同じ問いを立てている。ペトラルカについてはまた後に触れるが、彼は『カンツォニエーレ』のなかでラウラとローリエ（月桂樹）の類似性を大いに愉しんでおり、しかもそれは単なる言葉遊びではなさそうなのだ。詩人が味わっている感動について言うなら、自然のただなかで夢をはぐくむためにひとり孤独を味わっている彼は、その自然を描くのに心を傾けていることを忘れてはならない。ヴォークリューズ〔南フランスの一地方〕の緑の楽園という魅惑の土地《ロクス・アモエヌス》では、ロール〔Laure〕という名とロレタル〔Lauretal〕という指小辞は、ラウラ〔Laura〕とラウロ〔Lauro〕の親近性を甘美に想起させ——つまりはアポロンとダフネの樹を想起させる。その樹は、神の栄光と詩人の栄光のための月桂樹であり、月桂冠〔ローレア〕となるべく召喚されたのである。月桂樹を見て金髪を三つ編みにしたラウラを夢見るペトラルカは、想像のなかでオヴィディウスの変身と逆の変身をさせているのである。この詩人はまぎれもなくラウラという名に憧れており、そこから植物との混同が生じてくる。『カンツォニエーレ』の三四節で、彼はアポロンに呼びかけ、アポロン神が恋人ダフネのあのブロンドの髪を忘れていないようにと願い、ラウラをもとの姿になおしてくれと頼んでいる。アポロンにむかってペトラルカはこう呼びかけているのだ。「栄えある葉よ、汝アポロンに次いで、我もまた恋をした葉よ」と。

けれども女性と植物の結びつきが固定観念にまでなるのは十九世紀末からであり、当時の芸術についてダフネ化を語ることができるほどである。とはいえ、こうした見地からハインリヒ・ヴェルフリン〔一八六四―一九四五。スイスの美術史家。代表作に『美術史の基礎概念』〕の芸術教育やアルフォンス・ミュシャの作品、ラファエロ前派におけるハマドリュアス〔ギリシア神話で木の中に棲み、木が枯れると死ぬとされているニンフ〕の存在、そして夢の母胎としての女性＝植物に関することなどをここで分析したりするつもりはさらさらない。それは既知のことだ。むしろマチスの晩年の二〇年に描かれた作品を注視すべきであり、美術批評家のピエール・シュネデールの説を借りれば、それらの作品はダフネ化を示しているという。マチスは樹液と血液の同一性にとりつかれていると思われるのだ。マチスは女性のからだが樹の幹に変身すると言ってやまず、ひとりの人間の中には一つの植物が隠れていると信じていた。マチスは、女性のなかに溶けこんだ植物を表すことができないかぎり絵画は完成しないと考えていた。この点からマチスはゲーテを再発見している。ゲーテにとって、あらゆる人間は自分のうちに固有の植物を潜ませているのである。マチスはダフネの絵を相当数描いている。一九三〇年から一九三二年にかけて、ステファヌ・マラルメの詩に挿絵を描きながら、次いで一九四二年に、ロンサールの詩（『恋愛詩集』）に挿絵を描きながら、幾度も樹木への変身を描いた。マチスの眼から見れば、植物はうわべの下に隠されている本質なのだ。だから画家はモデルの深みにある植物的実態を透視しなければならないのである。

中学校の生徒にもリセの生徒にも絵画好きにもよく知られているダフネは、かれらが夢の乙女を思い描くとき、どれほどの重きをなしているだろうか。おそらくディアーナやアリアドネやナウシカの姿ほどではないだろう。とはいえ、直接的な影響が少ないからといって、想像力のなかで女性を植物にむすびつけうるものを無視してよいということにはならないのである。

アリアドネ

「アリアーヌ、姉君よ、いかな愛の傷ゆえに、打ち捨てられし岸の辺で、みまかりしや」（**ラシーヌ**）

ギリシア神話

夢みさせる乙女の一群にアリアドネをくわえるのは問題がある。実際、彼女にあたえられた運命にはあまりに曖昧さがつきまとっているからだ。対立する二つのヒロイン像が与えられているからである。私たちがここでとりあげるのはその一つだけである。アリアーヌ(アリアドネ)はクレタ島の王ミノスとパシファエとの娘である。それゆえ彼女はフェードル(パイドラー)の姉である。彼女はミノタウロスに捧げられた処女たちの一人であり、英雄テセウスは彼女たちを救うべくアテネから駆けつけてくる。テセウスの魅力はアリアドネを夢中にさせ、彼に身をまかせる。ミノタウロスを征伐した後にテセウスが迷宮から抜け出せたのは、アリアドネが持たせた糸玉のおかげだった。ここで乙女は人を助け救助する娘として描かれている。彼女はまったき献身によって身の危険から男を救う娘を象徴している——それも長きにわたって。彼女の美貌についてはほとんど語られていない。あたかもそれは自明なことであるかのように。

テセウスはアリアドネを連れ去った後、ナクソス島に置き去りにする。恋人アリアドネの嘆きははかりしれない。諸世紀にわたり、アリアドネは見捨てられた悲嘆と涙の河の化身になってゆく。このことを覚えておこう。というのも、もっと先のことだが、ことに十八世紀には、夢の乙女が流した涙と大きな悲嘆がひきおこす死とが重要になってくるからである。事実、一説には、絶望ゆえに、アリアドネは海へと身を沈めにゆくのである。それは――はじめの間だが――ラシーヌがフェードルに言わせていることである。美しいフランス語をきわめた二行詩で。

アリアーヌ、姉君よ、いかな愛の傷ゆえに、
打ち捨てられし岸の辺に、みまかりしや

けれども私たちの見逃したもう一人のアリアドネがいる。それというのも、それと気づきにくい変身のおかげだからだ。ラシーヌはフェードルの口を借りて、暗黙裡にアリアドネの悲しい運命をヴィーナスの犠牲者に見立てている。アリアドネの運命はフェードルの運命と同じということなのだ。事実、アリアドネは、愛を逃れて近づきがたい姿を見せるアルテミスやダフネからはるか遠く、男に誘惑されて身をまかすからである。けれど人に救いの手をさしのべるその優しさと感受性、劇的な感情とその死によって私たちの心をひ

きとめ、このような夢の乙女もあるのでは、という思いをかきたてるのである。

ところが、芸術家たちが好んで表すのはもうひとりのアリアドネである。恋に死すどころか、ナクソス島でバッカスの神の手にゆだねられる彼女である。こうなると、彼女はバッカスのありとあらゆる過剰に身をまかせ、自分を抑えるすべを知らず、私たちの関心からすれば、夢の乙女のアンチテーゼと化してしまう。アリアドネは、破廉恥と残酷の極みであり、女性的感性の危険と神的憑依の極みの象徴となるばかりか、なにもまして、女性本来の移り気の象徴になってしまうのである。こうしたアリアドネの肖像は、ルネッサンス以来、もっとも普及したそれであり、十七世紀から十八世紀にかけては幾多のオペラにもなっていた。ナショナル・ギャラリーにあるティツィアーノの「バッカスとアリアドネ」〔一五二〇―二三〕の絵は、そうした作品のなかで最も素晴らしいと評された絵であろう。ヴェネチアのドゥカーレ宮殿に置かれた絵画のなかで、ティントレットはこの第二のアリアドネに意義をあたえている。というのもアリアドネはヴィーナスの冠を戴いているからだ。さまざまな意味で、夢の乙女の特徴をなすあの深さをもたないアリアドネは、ヴィーナス的女性の系列に位置づけることもできるだろう。ただし、エメ・ミレーによる彫像「捨てられたアリアドネ」〔十九世紀〕は、完璧に夢の乙女の系列に位置づけるのが正しいことを証している（図2）。他方、晴れやかでかしこいナウシカは、男たちの夢にこれとはまったく別の姿をみせてくれる。

ナウシカ

「白い腕の王女」（**ホメロス**）

ホメロス『オデュッセイア』

女神アテナに仕えるナウシカは、オデュッセウスの前にアルテミスのような姿で現れる。彼女にあって夢見させたものを把握するために、ホメロスの語りをたどろう。恐ろしい難破にあったオデュッセウスは、仲間を亡くしてしまったが、ひとり生き残って、河を見下ろす森のなかに逃れていた。岸辺に打ち寄せる波に運ばれてそこへたどり着いたのである。彼は二本のオリーブの木陰に身を寄せて風雨をしのぎ、茂った木の葉の下に身をひそめ、そこで眠った。彼が眠っているあいだに、守護神アテナが召使の姿をして現われた。アテナは夢のなかで、パイアケス人の王アルキノオスの娘であるナウシカが、婚礼が近づいているのに衣装をなおざりにしているのを見咎め、衣装を整えるために一緒にまいりましょうと誘う。

「白い腕をした」乙女は、「表情といい美貌といい、不滅のものであるかのような」適齢期の娘である。彼女の衣装は、ヴェールと、模様入りの布と、帯だった。美しいペプロス〔古代ギリシアの女性のまとう長方形の布〕をまとったナウシカは馬車を出させた。娘は、恥じらう気持ちから、婚姻の祝いがあるかもしれないなどとはそぶりにも出さなかった。父の前で婚礼という言葉を聞くだけでも頬をあからめかねなかったのだ。ナウシカと仲間たちは、布を洗って、もみ終えると、河のきれいな水に投げ入れて布を広げてほぐした。自分たちだけだと思っていたので、恥じらうことなど忘れていた。そうして彼女たちは水浴をして、ナウシカの母からもらった精油でからだを洗った。

主人も召使も、精油の心地よさにひたって、それからボール遊びを始めたが、その遊びはまさにダンスそのものになっていた。二十世紀では、一九〇六年にモーリス・ドニがナウシカとその仲間たちの遊びを板絵に描いているが、裸身ではしゃぐこの喜びの時を彼ほど生き生きと描きだした芸術家はないだろう（図4）。オデュッセウスが目覚めたとき、その目にまばゆく映っていたのはこの光景だったのだ。絵画の中央にナウシカが立って、まわりでは仲間たちが飛んだり跳ねたりしている。アルテミスがそうであるように、ナウシカもまた頭と目で仲間たちを見下ろしている。これほど多くの美女たちがいてもナウシカはすぐそれとわかる。アテナに助けられて藪から抜け出てきたオデュッセウスは、誰に仕えるでもなく、画面の中央にいるこの魅力的な処女をじっと見つめる。そこではすべてが白なのだ。布の白、海と砂の上に昇る太陽の光も白、若々しい声のコンサートにかこまれているナウシカの美しい腕も白。オデュッセウスは身を隠そうとしたが、なかなか隠せず、「巻き毛の娘たち」の一群の前に、裸の獅子にも似た姿を現す。娘たちはサテュロスに脅かされたニンフさながら、長いあいだ海原を漂ったため傷だらけになった「恐ろしいからだ」を前にしてわっと逃げ惑う。あとに残るのはアルキノオスの娘ただひとり。

叙事詩的な次元での対面がなしとげられる。美しく、誇りたかく、かしこいナウシカが勇気に満ちてもいればこそできるのだ。彼女は立って、アテナから授かった大いなる力に満ちて、顔をあげている。「君はアルテミスにちがいない」とオデュッセウスは叫ぶ。「背丈といい、美しさといい、物腰といい、アルテミスだ」。近づきがたさの象徴である女神と映る娘を前にして、オデュッセウスはやさしい声で嘆願し、熱い賛辞を口にする。これほど美しい顔色を見たのは初めてだった。彼はナウシカのからだをデロス島の椰子ののびやかさにたとえもする。幸運にもその樹を眺めたことがあったからだ（「ダフネ」の項を参照）。恍惚となった英雄は、このようなアルテミスを前にして身震いし、その膝を抱くのもこわいほどだと告白する。

白い腕のナウシカは、勇気があると同じくらい人助けもできる娘であるとわかる。からだを水で洗ったら、オデュッセウスをアルキノオスの宮殿のある町まで案内しましょう、と申し出る。そうして水で洗われた英雄は「魅力と美貌で光り輝いている」。そこでナウシカは召使たちに告げわたる。「今やあの方は天の野の神々のようです」と。夢の乙女の模範であるアルキノオスの娘は、明らかに英雄に征服されているのだ。それでも彼女は自分の恥じらいを保とうとしつづけ、噂にならないよう気をつける。だからこそ彼女は宮殿に招き入れる前に、アテナの聖なる森で待っていてくれるようにオデュッセウスに頼むのである。そして、ここですでに彼女は自問している。光り輝くあの英雄が私の花婿になるなんてことがあるかしら、と。これまで言い寄ってきたパイアケスの男たちをみなしりぞけてきた彼女だったが。事実、アルキノオスはそのあとオデュッセウスにナウシカをあたえようと申し出るのだ。だが妻ペネロペの燃えるような面影に、オデュッセウスは申し出を断るのである。

読者から見れば、だからといってナウシカは夢の乙女でなくなるわけではない。二人をへだてるのは結婚への忠誠だけだからだ。彼女こそ男たちの脳裏に面影を刻みこむ娘たち全員の模範なのである。別れの時が来ると、明らかにオデュッセウスは、ひたすら優しくなったこのアルテミスの魅力に屈しており、決して彼女のことを忘れないと約束して言う。

「ぼくが君のおかげで得た命の日数のあいだ、いつでも君は神なのだ、おお処女よ」。ナウシカが忘れえぬ夢の乙女の系譜のなかに占める位置がよくわかるではないか。

イズー

「すきとおった顔に金髪のイズー」（**ベルール**）

ベルール『トリスタン物語』

ドニ・ド・ルージュモンは、一九五六年刊行の『西欧における愛』〔邦題は『愛について』〕の最終版でこう書いている。「［…］西欧ブルジョワジーの若者たちは、読書や観劇や幾多の日常の見聞によってはぐくまれるロマンティックな雰囲気にひたっている」。こうしたインスピレーション源のなかでもルージュモンが紙幅を割いているのはイズーの姿である。『トリスタン』と題されたベルールル〔十二世紀後半に『トリスタン物語』を書いた。生涯についてはわかっていない〕の物語の成功の大きさを強調しつつ、イズーこそ「輝く愛の象徴」だと言う。ルージュモンによれば、この作品にあっては「すべてが夢のようにできている」。イズーは「妻にはしないタイプの女性」なのだ。妻にしてしまえばもはや愛さなくなるからであり、「現実にいるからではなく、ノスタルジーと面影が私たちを感動させるのだ」と。イズーは「本質的に近づきがたい、思慕のなかにある女性」という宮廷恋愛の模範であり、彼女との愛はひたすら夢でしかありえない。ドニ・ド・ルージュモンによれば、イズーは後年の人々がよくそう思うような美女であるだけではないのだ。彼女は男の心に「忘れられない痛み」を刻みこむ不可能な愛を象徴するのである。イズーは、やがて象徴主義が描くあの肉体なき女、夢からできているあの「ほのかな女」の祖先ともいうべきかもしれない。

一九四三年にジャン・ドラノワが制作した映画『悲恋』が見せてくれるイズーは、ルージュモンによれば、「自分の欲望の女であると共にもっともひそやかな追憶の女」だと男たちが思う女である。こうして彼女は「つねに見知らぬ者であり、女のわからなさそのもの、永遠に逃れゆくもの、消え去ってゆくもの、存在することじたいに敵対するもの、だからこそ追いかけたくなるもの」であり続けるのだ。ドニ・ド・ルージュモンはこう言い添えている。ドン・ジュアンはイズーを知らない。なぜなら彼は待つ時間も、思い出す時間ももたないからだ、と。ルージュモンはこの本を一九三八年と、一九五六年――すなわち私に言わせればすべてが覆った年――に出している。したがって彼は消えうせた世界、すなわち私たちが対象としている世界をあつかっているのだ。

ところで、数多くの研究者がトリスタンとイズーの神話をかたちづくる物語の膨大な資料を綿密に読みこんでおり、その成果のおかげで私たちはイズーという人物を正確につかむことができる。特にベルールの展開に拠りながら簡単に物語をふりかえってみよう。コーンウォールの王であるマルクは宮廷の人々から結婚をすすめられていた。するとそのとき、二羽の燕が宮殿の窓から入ってきて、王の杯に一本の長い金髪を置いた。王はこの金髪の持ち主と結婚することにしたと言い、トリスタンがその娘を探し出してきましょうと申し出る。彼は、かつてイズーが母の助けを借りて傷を癒してくれたアイルランド島にもどってゆく。そこへ行けば王の求めている金髪の娘に会えるとわかっているからだ。島に着くと、恐竜モルホルトに襲われ、舌を斬って竜を退治したものの、気を失って倒れてしまう。イズーとその母はもういちど彼を癒し、トリスタンがやって来たのは、王が結婚したいと思っている娘を探しにきたのだということを知る。その娘というのはイズーである。

そこで母は未来の新郎新婦のために魔法の飲み物を用意する。この秘薬を飲むと、何ものも二人の絆を断つことができなくなるのだ。コーンウォールに帰る旅の途中で、召使のブランジャンが容器を見誤って媚薬の飲み物をイズーとトリスタンの二人に渡してしまう。飲んだ二人は、愛しあう運命におかれたのだと気づく。その愛の力はきわめて強く、三年間のあいだ、この世のいかなる力によっても二人の仲を裂くことはできないのだ。

婚姻の祝いの間にも、トリスタンとイズーは愛しあい、さまざまな波乱を経たあと、事が露見して二人はモロワの森に身を隠す。媚薬の力はかくも激しいのである。森のなかという荒れた場所で、恋人たちは衰弱してゆくが、苦しくても大きな喜びをわかちあっていた。その後、悔い改めて森の隠者オグランに罪を懺悔した二人だったが、犬に裏切られて、マルク王に見つかってしまう。トリスタンとイズーは横に並んで横たわっていたが、二人の間にはトリスタンの剣が置かれ、イズーは衣服を身につけて痩せた指に婚約指輪をはめていた。

イズーは夫たる王のもとに戻るが、あるときひとりの貧民に連れられて宮殿に入ってきた。それはほかでもない変装したトリスタンであった。物語は二人の死によって終わりを告げる。あらゆる可能性から考えて、世紀から世紀へと中学校やリセの生徒、教養あるブルジョワたちが読んできたのはこの物語である。だが、繰り返し言うが、これ以外の大部分のテクストによれば、トリスタンとイズーの恋はさらに続いてゆく。マリー・ド・フランスは名高い詩の一つで、恋人たちの不滅の絆の力を讃えて、ハシバミとスイカズラの比喩をもちいている。また別の作家たちは、かれらの墓の上にからみあった二本の木が生えたとも書いている。それらの木は死してなお愛し合う二人のからだに根をおろしている、と。

ロマネスクな展開のただなかに、愛と魔術との結合の糸がはりめぐらされているのがわかるであろう。だからこそベルールの物語は、よくそう解釈されがちな姦通物語ではないのである。隠士オグランの言葉をかりるなら、かれらを「運び去る」愛に襲われた恋人たちは、媚薬によって罪を逃れている。しかも彼らが非を悔い改めてモロワの森を出てゆく日の悔悛の誠実さは疑いをいれない。

とはいえイズーの魅惑的な姿かたちについては何を言うべきだろうか。私たちが見てきた古代の夢の乙女たちにくらべてみると、イズーの肖像は輪郭がさだかでない。彼女の顔かたちは、「娘の描写」という中世の定型的表現《トポス》に大きく依存している。その描写は、何よりもまず彼女の色の白さを語り、男性の眼から見た宮廷恋愛式の修辞に従って、髪や肌の色とか飾り気のない物腰しか語らない。ケルトの神話と宮廷恋愛を撚り合わせているベルールの物語をもっと正確に読みこんでみると、イズーの特質は輝くような金髪にあり、「すきとおった顔に金髪のイズー」と描かれている。まさにこれこそジャン・ドラノワが『悲恋』のヒロインのマドレーヌ・ソローニュの忘れがたい髪をとおして見事に再現したものだった。マルク王のもとへおもむくイズーを語って、ベルールは、金髪を三つ編みにして金の輪でかこまれたかのような顔とともに、「バランスのとれたからだ」と「きらきらと輝く眼」を描いている。「彼女は薔薇色の頬をして、明るく、生き生きとしていた」。イズーとトリスタンはそばに植物があるのを喜ぶ。二人は「優しくて心地よく、さわやかな」木陰を愛している。そこならイズーが「心地よく座っていられる」からだ。

かつてドニ・ド・ルージュモンはイズーの肖像の描き方にトルバドゥール〔中世南フランスの宮廷詩人〕の詩の影響と宮廷恋愛の修辞の影響があると強調していたものだった。そこでは恋はどこまでも遂げられない。その愛は純潔を前提にした輝かしい絆であり、それゆえにこそ欲望は永遠にかわらず、せめても許されるのは額への接吻である。宮廷恋愛の掟は忍耐と黙秘と抑制であり、献身をもとにした語彙にそれが表われている。

数世紀のあいだ——不倫の女であるにもかかわらず——夢の乙女と呼びならわされてきたイズーは、これまたルージュモンによれば、これから私たちがみてゆく幾多の女性の肖像に影響を及ぼしたことになる。ダンテのベアトリーチェ、ペトラルカのラウラ、ウィリアム・シェイクスピアのジュリエット、くわえてミゲル・デ・セルバンテスのドゥルシネアをめぐる皮肉も忘れてはならないだろう。ケルト神話の影響は、数多い『トリスタン』の資料のなかでも、夜と死の魅惑を幾重にも増幅させたと思われる。リヒャルト・ワーグナーはその天才をもって、かの崇高なオペラ『トリスタンとイゾルデ』一八五九」でこの魅惑をこれ以上はないほど深く響かせたのだった。

といっても、イズーという夢の乙女は、いってみれば曖昧さをぬぐえないので、過大評価はつつしんだほうがよいだろう。

ベアトリーチェ

「我が欲望を鎮めてくれる美しき瞳の快さよ」（ダンテ）

ダンテ『新生』『神曲』

ベアトリーチェによって、私たちは、絶対的な夢の乙女であり、実在したことが明らかな最初の娘に到達することになる。彼女は——彼と同じく——九歳のときにダンテ〔一二六五—一三二一〕の前に姿を現した。「真紅という高貴な色の服をまとい、慎ましくも気高く、その頃の幼さによく似合う飾りのある帯を締めていた」。一二九四年から一二九五年にかけて書かれた『新生』におけるダンテの告白によれば、彼女の出現は、一瞬のうちに「身うちの微細なところまでまきこむ激しいおののき」を感じさせ、震えながら心につぶやいた。「見よ、私よりはるかに強い神がやって来て、私を導こうとしている」。この日から「愛が「私の」魂を導いた」とダンテは続けている。「その導きによって、ベアトリーチェにもう一度会いたいという想いに駆りたてられた」。彼女の姿はたえず脳裏に焼きついてはなれなかった。ところで、この十三世紀末にあってもなお影響の大きかった宮廷恋愛の見地からすると、ベアトリーチェは「あまりにも気高い」美徳をそなえていたので、「理性の親切な忠告をきかずに［ダンテが］恋に身をゆだねる」ことは一度たりとも受け入れなかった。

九年の後、乙女が十八歳になったとき、ダンテの前にもういちど姿を現した（図5）。

こんどは「何とも言葉では言い表しがたい白」の衣に身をつつんだベアトリーチェは、「身にそなわったしとやかさをもって」このうえなく優雅に彼に挨拶をしたので、「ダンテは至福の限りをくまなく見ているような気がした」。こうして彼は「乙女の挨拶のかぎりない優しさ」をひしと感じとったのである。

輝かしい出現、礼儀正しさ、美徳、抑制、こころの気高さ、こうしたものがこの時のベアトリーチェのすがたの際立った特色をかたちづくっている。彼女のヴィジョンは詩人の夢をかきたてた。「彼女のことを考えていると、甘美な眠気に誘われた」とダンテは記している。その眠りのなかにこの世のものとも思えぬ光輝く姿が立ち現れるのだ。「かすかに赤みかがった薄布をまとって」、いとも優しい挨拶をしてくれた女性を彼はわが胸に抱えている。こうしたダンテの記述すべてに、色を重視するという特性がまたしてもみうけられる。それが中世の「娘の描写」の特徴だったのだ。

しばらくすると噂が立ったために、ベアトリーチェは「いとも甘美」で「この世のものとも思えない」あの挨拶をダンテにはしなくなった。そこにこそ「至福の限り」が宿っていたのに。詩人は部屋にひきこもって苦い涙にくれる。その日からまもないうちに再び出会ったとき、またしてもベアトリーチェは挨拶をしなかった。ダンテは胸の左に「激しい震え」が走り、その震えは全身にひろがっていった。またしても彼は「涙の部屋」に閉じこもり、「恥ずかしさに泣きながら死にそうだった」。この事件はベアトリーチェに会いたいという欲望をいっそうかきたてた。

ダンテは愛のあまり、「この世の者として生まれたあの娘がどうしてかくも純粋で美しくありえるのだろうか」と思う。ベアトリーチェのまばゆく輝くまなざしがまたしても浮かんでくる。「彼女の瞳は閉ざしても見開いても」、「燃えるような愛の精」がそこに湧いでてくるのだ。ジャン＝ピエール・フェリーニ〔一九六三― 。フランスの文学研究者。イタリア文学に詳しくダンテ論も書く〕はまなざしの重要性を強調して、「ダンテの作品のすべてはベアトリーチェの眼から湧き出て、流れてゆく」と書いている。ただし、詩人がもういちどあの挨拶を受けたいと待ち望んでいるとき、その「欲望の対象」となっているのは乙女の唇だということも忘れてはならない。ダンテは聴覚も鋭くはたらかせているのである。彼女の「いかにも優しい話し方に耳を傾ける者の心には、優しさの一つひとつ、慎ましい心映えの一つひとつが生まれてくる」。彼女の唇には「憧れをかきたてる微笑」が浮かんででいるのだ。

詩人の言うことを信じるなら、ベアトリーチェが通りすぎるのを見て多くのひとが「ベアトリーチェは女性ではない、天でもっとも美しい天使の一人なのだ」と言ったという。「彼女を見た者はいとも無垢で清らかな優しさに満たされるので、その感動を後で言葉にすることなどできなかった」。けれども、このように描かれた夢の処女は一二九〇年、二十五歳のときに命の火を絶やしてしまう。ダンテにとっては「ベアトリーチェを悼んで泣く」時が来た。「天使たちがやすらかに住まう王国」に消えてしまったベアトリーチェを。もはや彼女の「美しさを輝かせる」という喜びは存在しない。ある夜、夜の祈禱の時間に、ベアトリーチェが戻ってくる。ベアトリーチェは、初めて彼女を見た時に着ていた真紅の衣をまとってダンテの前に姿を現した。あらためて詩人はため息をつき、涙にくれる。それ以来、彼はベアトリーチェ以外の女性の誘惑をしりぞけてしまう。しだいに彼のうちに「ベアトリーチェについて、誰ひとり女性について語りえなかったことを語ろう」とする思いが芽生えてくる。ベアトリーチェの死を一つの昇天というかたちに変えて、『神曲』に描かれた姿そのままに、この天国の喜びのうちに勝ち誇るベアトリーチェの姿を描こうと考えたのだ。

ダンテは煉獄の頂上ではじめてベアトリーチェと出会う。このときのベアトリーチェはややおごそかな、威儀ある衣をまとっていた。彼女は詩人を咎めて言う。自分の死後、フィレンツェでしばし彼女のことを忘れ、『神曲』の冒頭に出てくる「薄暗い森」で迷いそうではなかったか、と。そのあと天国への昇天が始まるのだが、それは燦然と光輝くまばゆい天の中心、すなわち神をめざして宇宙空間をすさまじい速さで昇ってゆく超自然的な飛翔だったので、普通の視力は消えうせてしまった。あまりも激しい感動と、あたりにみなぎるエネルギーと知覚の混乱とで天国は耐え難いものであったが、内的な変身を経て、ようやくダンテは神に選ばれた乙女ベアトリーチェの美しさを眼にするよろこびを味わい、天国に響きわたる壮麗な音楽に聴きほれることができた。

『神曲』の天国は天文学が描くような風景からほど遠い。それは一つの「光の詩」なのだ。ベアトリーチェは天の生き物だが、身体をすべて脱却した存在でもない。名状しがたいその美しさは、これもまたなかば耐えがたい美しさであり、昇天すればするほど美しくなってゆくので、ついにダンテはそれを描写するのをあきらめたほどであった。

それでもまなざしの官能性となかば沈黙の愛の強さは残っている。ジャクリーヌ・リセ〔一九三六―二〇一四。女流詩人、ダンテ研究者、『神曲』の訳者〕は、ベアトリーチェのイメージについて、若き女流哲学者と「母性的な近づきやすさと神秘な近寄りがたさを兼ねそなえた、優しくもありまばゆくもある乙女という二つの女性性の形象のあいだを揺れ動いている」と指摘している。満たされたイメージが消え去って、苦悩と究極的な諦念に至るまでずっとこの両面性は変わらない、と。

『神曲』の遍歴の描写の特徴をいくつか考察してみよう。当然のことながら、ベアトリーチェのまなざしは、『新生』にくらべて存在感も美しさもいっそう名状しがたいものになっている。当時まなざしを交わすということは、機転にも似たものと考えられていた。ベアトリーチェは「陶然としてうつけている息子にむかって母がやるような様子で」ダンテの方を見やるのだ。さらに先では、「美しいのに負けずおとらず朗らかに、ベアトリーチェは神々しいまでの愛のきらめきに満ちたまなざしで私を見たので、私のからだから力が消えうせた」と詩人は書いている。さらその先でも、「笑みをうかべたその眼の素晴らしさ」を詩にうたっている。さらに言葉を足して、「すこやかな眼に愛を見たとき、私はそれを語るのをあきらめた」とも。彼女のまなざしは、一度ならず魅惑的なほほえみと共にある。天使ベアトリーチェは晴れやかで、その言葉とほほえみは音楽のようなハーモニーをかもしだしている。「かくも麗しくかくも晴れやかに」、ベアトリーチェはダンテの前に現れるのだ。また別のところでも詩人は、彼女の「かがやくようなほほえみ」を想起している。「ほほえみの輝きで私を圧倒しながら、彼女は私に言った。『ふりむいて、お聞きなさい／私の眼のなかにあるのは天国だけではありません』と」。

　こうしてわかってくる重要なことは、ベアトリーチェが教える者であるということだ。彼女は宇宙のあらゆる混乱にさらされる天国の空間を指し示し、それに解釈をほどこす。それと同時に、ベアトリーチェは昇天して天に近づけば近づくほど自分は美しくなってゆくと言い放つ。そうして天に昇りつめると、死すべき存在である詩人の感覚は、彼女の美しさとほほえみのきらめきによって破綻をきたしてもおかしくなかっただろう。それでいてベアトリーチェは母親のようにダンテを励ましてやまない。天にあって、「笑みに彩られた」彼女の顔は炎のごとく輝きはじめる。それからというものは、ベアトリーチェの神聖な美しさは人間の肉体の色香が表すものすべてを消し去ってしまう。それゆえ、ただ造物主だけがこのような栄華に浴しうるのである。

私たちの主題にとって肝心なもの、それはダンテの愛がたどった道程である。ダンテは書いている。はじめてベアトリーチェが彼の前に現われた日から天国で見たヴィジョンにいたるまで、「我が詩《うた》の調べは一度たりとも止まることがなかった」と。ダンテの死の二年ほど前に呼び起こされた天使ベアトリーチェは、詩人の脳裏のなかで、そしておそらく世紀から世紀へと、数千の読者の脳裏のなかで、夢の乙女の絶対的モデルと化したのである。

ラウラ

「まなざしが我が心をさいなむひと」（**ペトラルカ**）

ペトラルカ『カンツォニエーレ』

一三二七年四月六日の聖金曜日、アヴィニョンの聖クレール教会のミサの折、プロヴァンスの領主の娘ロール・ド・ノーヴは初めてペトラルカ〔一三〇四―七四〕の前に姿を現した。十九歳だった。ジャン＝ミシェル・ガルデール〔『カンツォニエーレ』の仏語翻訳者〕が言う「面影の永遠の現存」に従えば、それ以来詩人は彼女を愛しつづけ、彼女の死後も愛しつづけることになる。けれどもロール〔以下イタリア語でラウラと表記〕は一三二五年にユーグ・ド・サドに嫁いでいた。ペトラルカは彼女の夫から家に招かれた。おそらく詩人が自分の妻に輝かしい文学的賛辞を寄せたので、うれしかったからだろう。ところがある日のこと、ペトラルカはラウラにたいする欲望がいかに強烈であるかを直截に口にした。おかげで彼は彼女の家から閉め出されることになったが、だからといってペトラルカは愛することをやめたわけではなかった。彼女もまた自分を愛しているのだと信じていたからである。一三四八年、ラウラはペストにかかり、自分の誕生日に亡くなった。もう二〇年間もラウラへの愛を詩にうたい続けていたペトラルカは、死去の知らせをうけてウェルギリウス〔前七〇―一九。古代ローマの詩人。彼の作品にペトラルカは私注を寄せた〕の詩稿に短い弔辞を書きつけた。ラウラはアヴィニョンの聖フランソワ教会のフランシスコ修道会付属教会に埋葬された。一八五〇年、彫刻家のオタンがパリのリュクサンブール公園にラウラの記念碑を建てた（図6）。

ペトラルカの主著『カンツォニエーレ』を見てゆく前に、詩人はラウラの恋人にすぎなかったわけではないことを確認しておかねばならない。ジャン＝ミシェル・ガルデールもまた同意見で、ペトラルカは社会生活をおくって子供も孫もいたこと、彼には家や庭がいくつもあり、馬も犬も飼っていたこと、愛書家であったことなどを忘れてはならないと述べている。ペトラルカは旅行好きで、ヨーロッパ中に何十人も友人をもっていた。ところが「老若を問わず、友人たちがみな死んでゆく」のにたいし、彼は長生きだった。

彼の言葉を信じるなら、作者として恥ずかしくて認めたくない作品だと公言していたにもかかわらず、書いてはまた書き直し――少なくとも九回は改稿した――、『カンツォニエーレ』は生涯にわたる作品である。若い頃から書き始めて改稿を重ねたあげく、この作品は栄えある老詩人の「秘密の庭」にまでなってしまった。『カンツォニエーレ』が青春の熱い想いを語り、その熱さを最後まで失うことなく、一生の恋を高らかにうたってやまなかったがゆえに、ラウラは夢の乙女の原型となったのである。『カンツォニエーレ』はたちまち熱狂的な人気を博したので、何世紀にもわたってラウラはまさしく夢の乙女とみなされてきた。

いくつか、作品の際立った図式を強調しておきたい。まず第一に、背景の自然の重要性である。世紀から世紀へと、そして現在もまた、この恋は果てない巡礼へとひとを向かわせるのだ。ヴォークリューズ地方の風光、ことに「明るい淵」と呼ばれるその泉への讃歌とソルグ川の存在が、女性への夢と自然への愛と野の魅力とを分かちがたく結びつけている。これについては、山岳愛好の飛躍的発展にペトラルカが果たした役割を忘れてはならない。ヴァントゥ山に登った物語が山への愛をそそったのである〔ペトラルカ『ルネサンス書簡集』で語られているエピソード〕。何度となく、詩人は花を踏みしだくラウラの裸足を讃えている。「[彼女の]白く美しい足が青々とした草を横切って行く、魅力的で清楚な歩み」は彼を感動させる。「草のあいだに花のように座る姿は何と素晴らしい光景だろう」とも詩人はうたう。あるいはまた、「清らかな胸に緑の草を押しあてる光景!」という一節も。こうしたシーンの数々は、未来の田園詩、ヤーコポ・サンナザーロ〔一四五八―一五三〇。イタリアの詩人〕の『アルカディア』やオノレ・デュルフェ〔一五六七―一六二五。フランスの作家〕の『アストレ』などに影響をあたえであろうと思わせる。

自分の愛を草花に託そうと、ペトラルカは春の日をひとり自然のなかで過ごす。ラウラのように自分もまた草や花を踏みしだき、葉陰に身を寄せるのを好む。時として音調の良い調べを詩にすることもあった。ずっと時代を下って、アルフォンス・ド・ラマルチーヌ〔一七九〇―一八六九。ロマン派の詩人〕がこれに似た詩を書くことになるが、これは十九世紀の中学生たちの心をとらえたにちがいない。このようにして詩人は愛するひとがその昔よく訪れた場所を懐かしんで再訪するのが好きだと語っている。ダフネの章で指摘したことだが、『カンツォニエーレ』にはラウラという名への憧憬がある。みずみずしい草に埋もれてラウラの髪の「金色《アウロ》」を想った日など、とても平静ではおれなかった彼である。ラウラの「アウラ」は命と詩の息吹の象徴であるとジャン＝ミシェル・ガルデールも語っているとおりである。誰にもましてラウラこそダフネの月桂樹《ローリエ》と重なりあう。

ラウラの「神々しく、信じがたい美貌」をめぐって、『カンツォニエーレ』全編に頻出する定型をみてみよう。事の初めから、重きをなすのは「彼女の麗しく、神々しい身ごなし」であり、ペトラルカは幾度もここに立ち返っている。愛する娘の「誇らしげで、澄ましている」ものの、お高くとまって気難しいわけではない歩みは、人間のそれではなく、「天使的存在」の歩みなのだ。ここからはじまって、ペトラルカはからだの影と、わたしたちが見てきたとおり、ラウラの足跡をうたいあげるようになる。ラウラはまさしく植物界にとけこんだ女性‐植物なのである。「私には、彼女を見ると、婦人方や娘たちを見るように思われて、しかも彼女たちは糸杉であり、ブナなのだった。小枝やそよ風や、草の葉のゆれる音を耳にしたり、小鳥の鳴き声や、かすかな水音をたてながら緑の草間に消えてゆく流れの音が聞こえたりすると、まるで彼女が音をたてているのを聞いているような気がした」。

ペトラルカはこう書いている。「私の心はどうしてもラウラの顔に向かう」と。「その美しい顔は私の胸にやきついて離れることなく、何を見ても思い浮かぶその顔」は、「私の意志を支配する」。ペトラルカの内では、すべてが「白と金」となって立ち現れる。ラウラの髪と三つ編みの金髪は、残念ながらいつもヴェールで隠されているところもあるものの、詩人を魅了する。時としてその髪が「ほどかれていると、磨いた金よりなお金色に輝く。ラウラはその金髪をかくも優しくひろげ、かくも魅力的なしぐさで束ねるので、それを思うと、またしても我が胸はおののいてやまない」。そうしてペトラルカは、ダフネの金髪を決して忘れなかったアポロンをひきあいにだしている。

ラウラの美しい黒い瞳は「別の恋への道を閉ざしてしまった」と言い切って、彼はこう続けている。「あの甘美な瞳を見ないときは、どこへ在っても悲しい」。「これほど美しい瞳は、今の時代であれ、はるかな昔であれ、決して現れたことはない。この瞳は、太陽が雪をとかすように私を焼きつくす」。ラウラの瞳は心をやきつくすが、その瞳はまた「甘美な光を放ち、私を天に導く道を見せてくれる」。「私の安らぎのすべては、まさにこの瞳からやって来るのだ」とペトラルカは重ねて言う。この瞳は「魅惑的で天使的なきらめきを放ち、私の生に恵みをあたえてくれるのだ。私の命には悦楽の炎が燃え、静かにわが身を滅ぼし、そして焼きつくす」。時として、この瞳は微笑みをうかべて、甘美なまなざしを投げる。すると詩人の心に「何一つ憂いなく、天に在る不滅の平安にも似た、晴れやかな安らぎが満ちわたる」。黒い瞳と清らかな白目の上の、「誇らかにして、濃い」、濡れたように黒いまつげは、「静謐な美」を投げかける。

象牙のような歯はといえば、あまりに近くから見る者を大理石に変えてしまう。ラウラの首筋は乳にも勝る白さにかがやく。いつもヴェールで覆われているラウラの美しい肩は見ることができなかったが、ある日、代わりに彼女の美しい素手を見る喜びを味わった。彼が見た指は、その色からして五つの東洋の真珠のようだった。

ラウラが口をきくと、その声は人間の声ではないかのように響く。その話し声は、「澄みわたり、甘美で、天使的で、神々しい」。けれど、何にもましてペトラルカが人生の頂に仰いだのは、その微笑みだった。あの「恵みに満ちて」、「慎ましく優雅な」微笑みである。『カンツォニエーレ』のあちこちで、ペトラルカはこれらの魅力のすべてを一つにしようと努めている。たとえば、「しとやかな歩みと、甘美なまなざしに、えもいわれず快い言葉や、慎ましやかで物静かで、何ともいえない物腰が似合っている」というように。ということは、この夢の乙女には騒々しさがないということだ。「高貴な血をひいた慎ましく素朴な生活と、高度な知性をそなえた純な心」こそその特性であるからだ。想いに沈みがちな姿の下に、若さの花があり、歳に似合った成熟と、ほがらな魂とが存在している」。「名声と名誉、美徳、優雅、貞潔な美貌と天使のような身ごなし、それらがこの高貴な植物の根源である」。

「高貴な生まれ、天使的な知性、何ものにも曇らされない魂、すばやい目、鋭いまなざし、敏捷な判断力、気高い思考［…］。ラウラは、その厳しさにおいて、アルプスの山々のように無情である」。時として、姿を現すとき、彼女は雪のように白く見えたが、雪よりもなお冷たい。ところで、ペトラルカの苦悩をひきおこすのは、まさにこのディアーナの姿なのだ。先にわたしたちがふれたように、ペトラルカは自分がアクタイオンになった夢を見ていた。ラウラはいろいろに態度を変えて彼を苦しめる。「ここではひどく優しい彼女を見るかと思うと、あちらでは尊大きわまりない。厳しいかと思えば、近寄りやすく、無情かと思うと、思いやりがある［…］。恵みにあふれているかと思うと、侮蔑的で残酷だ」。

ペトラルカの嘆きはつきることがない。ラウラは憐れみなど感じない様子を見せる。そのまなざしにはしばしば嫌悪や怒りの色が見える。彼女の心は「［かくも］固い岩」でできている。美しい胸は「硬い氷」のまま。それが詩人の苦悩をかきたてる。「彼の想うひとは、絶えざる恐れのなかで彼を生きさせる」。彼の恋は多くの苦さと少しの甘さでなりたっている。彼は涙でわが身を培い、それをラウラはよく知っている。たびたびペトラルカは泣きながら目を覚ます。だが彼はすぐに彼女のことを思うので休む暇もない。彼は別の女性たちのなかに恋人のイメージを求めてみようかと思う。貞潔そのもので礼儀正しいラウラはといえば、「楽しい思いは少なく、悲しい思いが多い」。ペトルカに希望はないのだ。なぜなら彼は自分が永遠の期待のなかに生きることがわかっており、自分がラウラの胸に抱かれるといった、ありそうもないその日まで、「胸のおののき」を感じ続けることを知っているからだ。

そのラウラの死は、『カンツォニエーレ』を二部に分けている。「ただ思い出だけが私に残されている」と詩人は書く。その思い出から詩人は絶対に離れようとしない。ラウラは天から彼の上に君臨する。彼女は絶えず夢のなかに現われて彼を慰め、救いへの道を教える。ペトラルカは自分の死に際して彼女に立ち会ってほしいと願う。ということは「あの優しい月桂樹をもういちど見るためには、その前に死ななければならない」。その死を待ちながら、詩人は思い出をあたためる。彼は感情の巡礼をはじめるのである。詩人はラウラの面影をよりよく見出そうと、木陰やほの暗い場所を訪ねてゆく。そのようなところで、ニンフに姿を変えてソルグ川の川床から出て来たラウラを見るような気持ちになるのである。

このような夢の乙女の姿は、私たちが証明してきたとおり、ディアーナやダフネのそれと結びついている。その姿は、宮廷恋愛の作法の影響力と、天上的にして無限なるベアトリーチェの影響力とを映しだしている。ラウラは西洋における愛の文学史のすべてを提供しているのである。まさしく彼女は夢の乙女の歴史、ことにフランスとイタリアの歴史における導きの糸なのだ。『カンツォニエーレ』の作者の囚われと苦悩、欲望と涙は長いあいだ文学につきまとってゆく。「淑女ぶったラウラ」を馬鹿にし、「才人ぶった」ペトラルカを馬鹿にしたシャトーブリアンとても、「私は泣くために生まれた」と書いた詩人の告白を読んだことがあったのだろうか。

それにしても、夢の乙女のまったき化身となるにはラウラには処女性が欠けている。けれどもラウラはその貞潔さと一点の染みもない貞淑さにおいて、ペトラルカが謳いあげたとおり、いかなる点においてもヴィーナスの娘ではありえないにちがいない。

ドゥルシネア

「私が息をするのは彼女によってであり、私が自分の存在と命を汲むのは彼女のうちなのだ」（**ドン・キホーテ**）

セルバンテス『ドン・キホーテ』

十七世紀があけそめると、嘲笑の時代がやってくる。まずはじめは『アマディス・デ・ガウラ』〔スペインのガルシ・ロドリゲス・デ・モンタルボの小説。一五〇八年作。宮廷式恋愛の典型的な遍歴の騎士を描く。主人公アマディス・デ・ガウラは礼節を重んじ、信義を重んじ、理想の王女を愛するが、理想化が行き過ぎて現実味がない〕であり――さらには『狂えるオルランド』〔一五三三年、アリオスト作。十二世紀、シャルルマーニュ大帝の甥ロランが勇敢に異教徒と戦って死んだという史実にもとづいて書かれた異本が多種存在するが、イタリアにおいてはアリオストが主人公オルランドを勇敢にして恋に狂った騎士として描いた〕であり――、すべての騎士道物語がそうである。セルバンテス〔一五四七―一六一六〕によるラ・マンチャの騎士ドン・キホーテは、書物に憑かれている。彼の図書館や、小説の終章の一つを構成する印刷所への訪問がそれを明かしている。この作品のなかでは、騎士たちの冒険はひとりドン・キホーテによって誉め讃えられるだけではないことに注意しておこう。騎士たちの冒険愛好は広く民衆のうちに根ざしていた。宿屋には騎士道小説がそなえてあり、騎士たちは、夜っぴてその朗読を聞こうとして、こうした宿にやって来た。土地の司祭にしてから、この騎士道小説のことを知悉していたのである。

セルバンテスの傑作において、ドン・キホーテが慕う女性、彼の夢の乙女の選択は作品の中枢をなしている。ドゥルシネアは主人公の夢想を養い、欲望をふきこむ。彼女が彼の行動に秩序をあたえるのだ。しかし、いったい彼女は誰なのか？　作者は彼女を社会的な存在にしたてあげている。アルドンサ・ノガーレスは農民であり、ロレンソ・コルチェロの娘で、トボーソの近くの村に住んでいる。ドン・キホーテは若いころ彼女に恋をして、五十歳近くになってからも女のことを覚えている。しかしながら彼の断言するところによれば、二人のあいだにはいかなる取り交わしもなく、まなざしさえ合わせたことがないのだ。「われらの愛は今にいたるまでプラトニックで、たまさか秘かに目配せするぐらいにとどまっている」、「それに彼女は私が見ていたときも一度としてそれに気づいたこともなかったのだ」。ドン・キホーテはまたアルドンサが両親からぴったりと見張りをされていたとも述べている。

サンチョ・パンサは、姿を見かけたのはもうずいぶん前だが、娘をよく知っている。豚の塩漬けを背負った娘は、おそろしく臭いが、「がっしりして」、「牡牛のように強い」。サンチョは自分に言いきかせる。「あの女は何て頑丈なんだ」と。「あの娘はここでいちばん屈強な若者と同じくらい遠くにまで鉄棒を投げることができるのだし」。「そして、何という声だろう！」。ある日、教会の鐘楼から労働者たちに呼びかけていたが、彼女の声はかれらにまで届いたのだ。それに、「あの女は図々しい。誰とでもふざけあう」。男まさりで、ヘラクレスのように大力無双で、力強い声をして、慎みなどまるでなく、サンチョが描くアルドンサは夢の乙女のアンチテーゼのように見える。くわえて彼女は無学であることもつけくわえておこう。ドン・キホーテが自分の書いた手紙を読めるだろうかと心配するほどなのだ。サンチョ・パンサはパンサで、野良仕事の生活が、以前に会ったときよりさらに彼女の顔色をひどくしているのではないかと案じていたのだが、今はまた、主人公に打ち負かされた男たちがドゥルシネアを拝跪するために彼女の前に姿を現すとき、ちょうど彼女は麻を梳いたり、小麦を打ったりしているのではないだろうかと想いをめぐらせている。

であってみれば、百姓娘が騎士の恋人に変身することをいかにして理解すべきだろうか。なにしろこの騎士は「彼女は自分にとって全地でもっとも偉大な姫君であり」と言明し、その貞潔も美貌も、ことに眼と髪の美しさは比類ないと断言しているのだから。だがドン・

キホーテをよく理解するなら、実際のところ、本質的なものは自分の夢であって、現実性はどうでもよいのである。「善良なアルドンサ・ロレンソは美しくて貞潔であると決めてそれを信じれば、それで十分なのだ」と彼は宣言する。「一言でいえば、私が言うことは言うとおりのものであり、それ以上でも以下でもない。そして私は自分の欲望が願うとおりに彼女を精神のうちに見るのだ。かくも美しく、かくも高貴にして、ヘレネたちやルクレティアたち、あるいはギリシア、ラテン、さらには異邦の地の過去のいかなるヒロインにも比較しえないほどなのだ」と。ドン・キホーテはサンチョ・パンサにむかって批評を広げてゆく。「お前はおそらくアマリリスやら、フィリスやら、シルヴィー、ディアーナ、ガラテア、その他書物をうずめているほかの名前の女たちが［…］現実に存在した生身の人間で、賛美の歌を捧げる男たちに愛されたのだと信じているのだろう？　ちがうのだ、断固ちがう。たいていは、彼らが自分たちの詩情に役立つし、自分は恋に狂っている、いや狂うことができると他人に思わせるために勝手につくりあげたものなのだ」。要するに、ドン・キホーテは騎士たちのことを語りながら、騎士道恋愛を明晰に分析しているのである。

大切なこと、それは紙上の英雄たちの模倣をすること、なかでも愛する婦人に値する彼らの武勇を模倣することである。ドン・キホーテにとって、アマディス・デ・ガウラは「勇壮な騎士の導き手であり、星であり、太陽」を表している。彼はアマディスが自分を模倣することを義務づけていると思い、目茶目茶に猛り狂ったふりをするのである。こうした観点からすれば、「私の価値は、動機のない判断を捨て去ることだ。そして、冷静なときに武勲をたてるのなら、熱い心でたてる武勲はいかなるものになることかとわが姫君に思わせることだ」。ドン・キホーテはそう言うのである。さらにそのうえ、騎士ドン・キホーテからすれば、長い不在を課せられる遍歴は、ありがたい条件を提供してくれる。最後の目的は、現在の鉄の時代を黄金時代に変えてくれるような偉業を成し遂げることなのだから。こういうわけでドン・キホーテは、偉業の仲介者になってやろうと自分に腕をさしだしたのは勇気あるドゥルシネアのほうであると言明するのである。「私をとおして戦い、勝利するのは」彼女なのであり、「私といえば、息をするのも彼女をとおしてであり、彼女の内に私は自分の存在と命を汲んでいるのである」。

したがって、ドゥルシネアは、「憂い顔の騎士」と自ら名乗る者に探検を命じる。騎士は絶対忠誠をまもる。たとえ――もっともらしくも――地の果てまで名が轟くほどの英雄となりえて、王の娘をめとることができそうになったとしても、忠誠をまもるのである。ドン・キホーテは叫ぶ。「おお、わがドゥルシネア！　おお、わが夜を照らす昼、わが苦悶の栄光、わが行く道の星、わが運命の恋人よ［…］」。めった打ちにあって寝苦しい夜々の眠りのうちにも、彼は彼女に想いをはせる。戦闘にあたっては、彼は彼女をはげまし、神とあらそうかのように彼女の加護を祈る。彼の敗者たち、たとえば自分が打倒したビスケー人のごとき者には、トボーソのドゥルシネアのところへ行って、自分は奴隷であると言うように命じ、すくなくとも、ドゥルシネアの望むことは何でもなすようにと命じるのである。ドン・キホーテにあって、詩的な文章を書く必要に駆りたてるのは彼女なのであり、サンチョ・パンサに託された彼女宛の手紙がそれを証している。ドン・キホーテは、彼女から遠く離れて過ごさねばならない苦行のときにも自分の恋人を謳いあげる。彼は樹の皮に彼女の名を刻みこむのである。

　であってみれば、騎士は自分を明晰だと言うのだが、現実の百姓娘と夢の乙女とのあいだの矛盾をどうして解くことができようか？　ここで大切なのが、騎士の想像力の中枢をなしている呪縛の魔力のはたらきである。その魔力は、自分を罠にかけ、外観がどうであろうと自分が現実だとみなし続けているものを、反対のものに変容させてしまう。風車だろうと、羊だろうと、豚だろうと同じことである。ドン・キホーテにおいて、拒否された現実は、想像力という魔力に嫌悪感を感じさせるようになる。

サンチョ・パンサがしつらえた主人とドゥルシネアとの出会いは、こうした悪意の確実性のうちにさしはさまれている。トボーソの近くに到着すると、サンチョ・パンサはドゥルシネアとお付の二人の娘の行列がいると言う。彼女たちは真珠やダイヤモンドやルビー、分厚い刺繡をほどこした綾織物で着飾って、まるで魔法のようである。風と戯れる太陽さながらに髪を肩に波打たせている三人の娘たちは、素晴らしい雌馬にまたがっている。ところが実際は、その行列は、生ニンニクの臭いにまみれながら駄馬に乗った、三人の粗野で臭い百姓娘に変わってしまうのである。

今日にまでいたるこのスペイン文学の傑作の途方もない反響はよく知られている。このジャンルの専門家である歴史家シルヴァン・ヴネールは、ドン・キホーテを現代の冒険家の姿の祖形であるとみなしているとけれどもドニ・ド・ルージュモンが指摘しているとおり、世紀を下るにつれて、このタイプはグロテスクだと批判されてくる。というのも彼は、教えられてもいないので実践しようもない苦行を模倣しようとしているからである。十九世紀末になると、初期性科学者たちが、すべてを病理化しようとする勢いのなかで、憂い顔の騎士を不能のカテゴリーに入れ、そのカテゴリーに彼の名をはりつけてしまう。しかしながら、同時にまた、社会の深層意識において、ドゥルシネアは青年が恋しているという娘や婚約者を指す普通名詞になったのである。

ジュリエット

「わがジュリエットの手の奇跡のような白さ」（**ロメオ**）

シェイクスピア『ロメオとジュリエット』

シェイクスピア〔一五六四―一六一六〕の悲劇『ロメオとジュリエット』〔一五九五頃〕は、二人の恋人たちの姿を古代のディアーナの貞潔さに結びつけ、また愛と宮廷恋愛の作法にも結びつけるが、トリスタンとイズーについてみた、愛と死の絆の誘惑にも結びついている。ジュリエットは私たちのシリーズに、恋する夢の婚約者、処女と童貞のカップルという初めての要素を導入してくれる。未来の想像力にとって、ヴェローナの恋人たちは、共に処女であり、純粋で貞潔な恋人たちであり、自分たちの愛を死に結びつけるように定められている。だからジュリエットが夢を見させるとしたら、それはヴィーナスの娘としてではない。

まず冒頭からして、ジュリエットは――ようやく十五歳になったばかりだが――ホメロスのナウシカがそうであったように、適齢期とみなされている。両親のキャピュレットと乳母は婿を探しているのである。彼女は結婚市場にさしだされた、潜在的な婚約者なのだ。けれども彼女は、古代の幾人かの娘たちと同じように、キューピッドの矢に刺されて、たちまちロメオがふきこんだ愛に打ち負かされてしまう。恥じらいゆえに、人には言えず、ただ空の星にむかって言うだけなのだが、その告白は、バルコニーの下に隠れていた恋人に聞かれてしまう。

戯曲の他の人物たちが語るジュリエットの礼儀正しさは、まったく無邪気そのものである。初めはロメオも彼女のことを夢の乙女だと語っている。彼が言うには、この美しい乙女はディアーナに似た知恵をそなえているのだ。彼女は「しっかりと武装した貞潔さ」によって身をまもっている。「彼女は愛の言葉を受ける身にはなりたくないと思い、愛のまなざしを交わすことを耐えたいとも思わず、胸をひらこうとも思っていない」。彼女はずっと貞潔でいたいと願っている、とロメオは嘆く。自分を愛すまいと思っているのだ、と。ほかの娘たちに目をやったとしてもロメオの苦悩は鎮まらなかったであろう。というのも、そうしてもジュリエットの「並はずれた」美貌を思い出すだけなのだから。

ドニ・ド・ルージュモンは、正しくも、この戯曲が宮廷恋愛にインスピレーションを得ていることを強調している。第一幕から、ロメオは恍惚となっている。彼は愛の夢の力を喚起する。だがその力は「優しいもの」などではない。それは「矢のように突き刺さる」。この昂揚感のなかで、若者はそこに「すさまじく辛く、すさまじく暴力的な」何かをみているのだ。戯曲の初め、キャピュレット家のサロンで二人の人物のあいだに交わされる対話は、恋愛のシーンである。しかしながら、『新生』のベアトリーチェとは逆に、ジュリエットは抱かれるままにまかせるものの、自分はじっとうごかないままなのだ（図7）。だから彼女はロメオにこう言うことになる。「あなたはいちばん美しい作法でお抱きになるのですね」と。

バルコニーのシーン（第二幕）は恋の大いさをいやましにしてゆく。「おおわが恋人よ」とロメオはつぶやく。「月よりもはるかに美しい恋人よ」と。またその先で、「彼女の頰の美しさに、星々が恥じ入っている」とも。自分ひとりだけだと思っていたジュリエットが、天に向けた愛の告白をロメオに聞かれてしまったとわかったとき、彼女は自分をまもる。でなければ青年は自分のことをひどく軽薄な娘だと思うだろう。闇夜という仮面がなければ、「処女の赤み」が彼女の頰をそめたことであろう。

彼女の愛はしかし真実で、全的である。彼女はロメオにむかって、おたがいの忠実な愛を誓わせる。そのことは、ジュリエットによれば、すでに望みがかなえられていることなのである。ロメオはこの夜は夢ではないかと思う。しかもジュリエットはいきなり——ひとが自分の婚約者を探していることを知っているのでなおさら——結婚を申し出る。観客も読者も、ここで初めて夢の婚約者、処女で、慎ましやかで、恋をしている婚約者の姿を眼にするのである。ほとんど瞬時の恋人たちの愛の同意だけでなく――一目惚れという観念が背後にひかえている――、シェイクスピアは、社会状況によって追いこまれたのではなく、処女の恥じらいのままにありつつ愛の輝きによって婚約に至るフィアンセを見せているのだ。たがいに交わしあった結婚の約束はしかと保たれ、「穢れなき処女と童貞の二つの処女性」が結ばれあう。結婚は、ひそかに僧ロレンスによって祝福される（第二幕、第六場）。そしてジュリエットは「愛の行為」を「慎ましやかな行為」だと思う。「まだ抱かれていない」彼女は、「愛の夜」を待っている。

ロメオがジュリエットの従弟を殺したことがこの夢の婚約者に立ちはだかって、思いもかけぬ障害となってしまう。ちょうどこれは、同じ時期（一六三六年）にコルネイユの悲劇『ル・シッド』において、シメーヌが父ドン・ゴルメスの死を知ったのと同じ状況である〔十七世紀スペインのカスティーリャ王のもとにはドン・ディエーグとドン・ゴルメス伯爵の二人の重臣があり、それぞれの息子ドン・ロドリーグと娘のシメーヌは相愛の仲である。ディエーグに要職があたえられたのに嫉妬したゴルメスは、ディエーグを平手打ちして侮辱する。ディエーグは息子ロドリーグに雪辱を託したが、ディエーグは懊悩の末に恋人の父であるドン・ゴルメスを殺害する」。ジュリエットは「天使的な悪魔」を嘆き、「強奪された子羊」を嘆く。けれども彼女は三時間前からすでにロメオの妻になっており、夫はマントヴァで処罰をうけるだろう。「娘の私は、娘のまま未亡人として死ぬわ」と彼女は宣言する。

ここから悲劇は深みをたたえ、まさしくルージュモンが書いているように、トリスタンとイズーのドラマに結びつく。二人は死にむかって漂ってゆくのであり、ただ死だけが二人の結合を可能にするのである。このようにみると、シェイクスピアの戯曲は中世の神話のもっとも素晴らしい再生だといえよう。その後にワーグナーの『トリスタンとイゾルデ』がくるのである。「ロメオではなく死が私の処女を奪うように」とジュリエットは叫ぶ。一方、若き婿の方は、「[わが]ジュリエットの手の奇跡のような白さ」を失った悲しみに泣く。「慎ましやかに、誰にふれたこともない両の唇の永遠の祝福」に涙し、「その唇は、口づけを罪と思って赤くなる」。発つ前に、ロメオは数時間ほどジュリエットの部屋で過ごすが、暁がくると彼はマントヴァに追放されるのだ。

僧ロレンスが用意した秘薬は、恋人たちの悲劇的な最後の導入になっているにすぎない。

一つのまちがいが死を招くのだが、これは古代ギリシアの英雄のピュラモスとティスベを死に至らせる悲劇的な誤解を思わせないでもない〔オウィディウスの『変身物語』に語られている神話の一つ。バビロンに隣どうしに住んでいたピュラモスとティスベは両親の反対にあって秘かに愛しあっていたが、ある夜、市外の墓であいびきをする。顔をヴェールで覆ったティスベが先に着いたが、ライオンが近づいてきたので洞穴に身をかくした。そのとき落としたヴェールをライオンは血のついた口で引き裂いた。ピュラモスが着くと、血塗られたヴェールとライオンの足跡があったので、彼は恋人が死んだのだと思って自害した。まもなくピュラモスの死体を見たティスベは短剣で自害する〕。ロメオは墓に横たわったジュリエットの側でみずから毒をあおるが、その前に松明の光で彼の花嫁のからだの美しさを讃えて言う。「ああ、愛しいジュリエット、なぜに君はまだこうも美しいのか」と。毒をあおる前に最後にもう一度彼女を抱きしめて。ジュリエットが目を覚まして、自殺をはかることを読者は知っている。死がロメオとジュリエットの愛と結婚を聖別するのである。

この悲劇的な結末は、魅力的な王子たちと結ばれて幸せになり、恵み豊かな妻になるべく定められた夢の乙女たち（後述参照）とは対照的である。さきほどシメーヌのことを想起したので――シメーヌは、私の考えでは少しも夢をかきたてないが――記しておこう。フランスの古典劇には夢をかきたてるような娘があまり登場しないことを。というのも、そこではヴィーナスの配下にある女たちが支配的だからである（「不動のヴィーナスよ、汝だけがすべてを成しとげる」と叫ぶフェードル〔ラシーヌ『フェードル』（一六七七）のヒロイン〕。ある女は激しい恋情に身をこがす（エルミオーヌ）〔ラシーヌ『アンドロマック』（一六七七）〕。またある女は宗教によって殉教する（『ポリュークト』のポーリーヌ）〔コルネイユ『ポリュークト』（一六四三）のヒロイン〕。またある女は結婚の愛の思い出に生きる（アンドロマック）〔ラシーヌ『アンドロマック』〕、あるいはまた夢をさまたげる政治の支配下におかれる女もいる（ベレニス）〔ラシーヌ『ベレニス』（一六七〇）とコルネイユ『ティットとベレニス』（一六七〇）に共通のヒロイン〕。これとともに、感情も運命も曖昧にとどまる女の例も忘れてはならないだろう（イフィジェニー）〔ラシーヌ『イフィジェニー』（一六七四）のヒロイン〕。とはいえ、例外もないではない。もっとも明白な例はラシーヌのアリシーである〔ラシーヌ『フェードル』に登場。アテネ王家の血をひく王女。テゼー王の息子イポリットを愛している〕。もしもラシーヌがイポリットの婚約者の姿をくわしく書いていたら、きっと彼女は男たちを夢見させる娘た

郵便はがき

料金受取人払

牛込局承認

6015

差出有効期間
平成32年4月
24日まで

162-8790

（受取人）

東京都新宿区
早稲田鶴巻町五二三番地

株式会社 藤原書店 行

ご購入ありがとうございました。このカードは小社の今後の刊行計画および新刊等のご案内の資料といたします。ご記入のうえ、ご投函ください。

お名前	年齢
ご住所 〒 TEL　　E-mail	
ご職業（または学校・学年、できるだけくわしくお書き下さい）	
所属グループ・団体名　　連絡先	
本書をお買い求めの書店 市区郡町　　書店	■新刊案内のご希望 □ある □ない ■図書目録のご希望 □ある □ない ■小社主催の催し物案内のご希望 □ある □ない

書名		読者カード

●本書のご感想および今後の出版へのご意見・ご希望など、お書きください。
（小社PR誌『機』に「読者の声」として掲載させて戴く場合もございます。）

■本書をお求めの動機。広告・書評には新聞・雑誌名もお書き添えください。
□店頭でみて　□広告　□書評・紹介記事　□その他
□小社の案内で　（　　）（　　）（　　）

■ご購読の新聞・雑誌名

■小社の出版案内を送って欲しい友人・知人のお名前・ご住所

お名前　ご住所　〒

□購入申込書（小社刊行物のご注文にご利用ください。その際書店名を必ずご記入ください。）

書名　冊	書名　冊
書名　冊	書名　冊

ご指定書店名　住所　都道府県　市区郡町

ちの一群のなかに姿をあらわしたにちがいない。

オフィーリア

「欲望の危険から身を遠ざけているようしておくれ」

（**レアティーズ**）

シェイクスピア『ハムレット』

オフィーリアはシェイクスピアの『ハムレット』（一六〇〇―〇二頃）の登場人物で魅力的な娘だが、つまるところこの戯曲のなかで第一の位置を占めているわけではない。処女であり、清純そのものの乙女は、ハムレットに恋をしている。彼女は彼の愛の告白を聞いたのだ。けれどもオフィーリアは父ポローニアスの言うことをきく。父は娘に「清い身を大事にせよ」と命じ、王子とあまり会わないようにせよと言う。彼女は兄のレアティーズの忠告も聞きいれる。レアティーズが言うには、ハムレットは気まぐれで、彼の愛は「お遊び」であり、「一時の愉しみ」にすぎない。だから「欲情の危険から身を遠ざけておくれ」と妹に頼む。「大切な貞潔」が危険にさらされないようにするためである。

シェイクスピアは、夢の婚約者になるかもしれない娘にたいするハムレットの愛の告白を詳しく語っている。なかには大胆なものもある。ある手紙のなかで、王子はオフィーリアの胸の白さをほのめかしたりしているのだ。こうしたハムレットの愛の高鳴りは、ある危機とともに終わりを告げる。乙女は王子が彼女への愛ゆえに気が狂ったのではないかと胸を痛める。だからこそ王子は想いに沈み、メランコリーと不眠と彷徨のさなかにいるのではないのか、と。

二人のあいだには、真の愛の交換があるわけではない。というのもオフィーリアは王子の愛の告白にも手紙にも返事をしていないからだ。けれども、三幕に至って、二重の苦悩から悲劇が生まれてくる。ハムレットが、これまでのことに嘘はないが、（乙女を）もう愛していないと宣告するのである。「そなたは私の言うことを信じるべきではなかった」と言って。ところがオフィーリアの心には情熱がしのびよっていた。ハムレットによる父ポローニアスの暗殺というか、暗殺でなくとも少なくともその死によって、乙女の苦悩は極点に達してしまう。

これまではかない幸を味わい、幸福な胸のときめきを覚えてきたのに、王子も父も無くしたオフィーリアの心の弱さは、まわりの者たちが狂気ではないかと思うような変化をひきおこす。オフィーリアのうちで、事態は理性を狂わせ、ポエジーを解き放つ。彼女はわが身を嘆くのではなく、歌を歌うのである。シェイクスピアは、女王の口を借りて、物語の続きを詳しく語っている。

小川に柳の木がかかっていて、灰色の葉を鏡のような流れに映していました。そこへ彼女［オフィーリア］がやって来ました。キンポウゲや白いイラクサやヒナギク、それに紫のジギタリスなどで編んだ変わった花冠を手にして。羊飼いたちはそのジギタリスに卑しい名をつけ、清らかな娘たちはその花を死人の指と呼んでますけど。オフィーリアは、小枝の方に身をのばして、花冠をかけようとしました。ところが彼女が身を支えようとしてつかんだ枝は、花の冠に耐えかねるように折れて、オフィーリアは涙の川のなかへ落ちてしまったのです。はじめは裳裾がヴェールのように川面に広がって、しばらくは彼女をささえるように見えました。まるで人魚みたいに。ところがオフィーリアは身に迫る危険など気にかけもせず、何か昔の歌を歌っていました。まるで水のなかで自分をとりもどした水の精オンディーヌのように。だがそれも続かず、着ていた衣装が水を吸ってしだいに重くなり、美しい歌は聞こえなくなって、不幸な娘は泥のなかへひきずりこまれてゆきました。

女王の話は、オフィーリアが自殺をはかろうとしたという可能性がまったくないことを証している。柳の小枝が折れて彼女は水に落ちたのだ。危険にも無頓着で、水に身をなげるどころか、花冠をかけるために身をのばしたのだ。当時、柳は不幸の木であったことを強調しておこう。デスデモーナ〔シェイクスピア『オセロ』のヒロイン〕も死の前に哀しい歌をうたうことを思い起こしてほしい。後代の芸術家たちはシェイクスピアの作品の精神を尊重せず、意味を歪めてしまったと言われるが、それは確かではない。作家の示唆するところによれば、オフィーリアは水のなかに帰っていく人魚や水の精のようであり、両腕いっぱいに花をかかえて歌いつづけているあいだに死に見舞われたのである。

とまれ、シェイクスピアの劇にあってオフィーリアの死は疑義をよび、ゆるされた葬儀にも完璧な祝福は奪われている。せめてもとゆるされたのは、「白の装飾と処女の冠に、教会の鐘と葬具一式」だけで、ほかには何もない。女王は、ハムレットとオフィーリアの結婚の日に、婚礼の床を飾りたいと願っていた装飾を思い浮かべて、乙女の墓に花束を置く。それからしばらくして、時すでに遅く、ハムレットは叫ぶのだ。「オフィーリアを愛していた」と。

オフィーリアという乙女の形象のその後を理解するには、この死は決定的なものである。何より決定的なのは——シェイクスピアもはっきりと語っているが——夢の乙女と水という物質との絆である。後にガストン・バシュラールがオフィーリアという人物に大きな重要性をあたえ、彼女のことを「水のなかで死ぬために生まれてきた存在であり、彼女は水に自分に固有の物質を見出すのだ。水は若く美しい死に必要な要素なのだ」と書いている。バシュラール以前に、ロマン主義者たちが水に敏感で、乙女の死の宿命的な悲劇の場面に魅惑されていようだ。すべては、あたかも「みずからの領域を取り戻して、オフィーリアがようやく平和と自由を見出すことができる」かのように運ばれる。こうした夢の乙女の系譜のなかで、ダフネの植物への変身を思い起こしておこう。悲劇が起こるとき、オフィーリアは岸辺にひとりでいた。彼女の死は孤独と沈黙と休息のシーンである。それゆえに彼女の姿は夢幻的で、犠牲者の輝きのオーラをまとっている。

要するにオフィーリアはどこまでも神秘な乙女なのだ。その両義性は十九世紀に至っても疑問を投げかけてやまない。彼女は犠牲者なのか、それとも罪ある娘なのか、眠る女なのか、それとも溺れた女なのか……これまでたどってきた夢の乙女たちとは逆に、彼女の死のシーンは彼女を近づきがたい乙女にする。シェイクスピアは人魚や水の精を想わせるのだ。あるいはまたオフィーリアのことを、女性のナルシスと言うこともできたであろう。

それ以上に、「眠れる水の美女」と言うこともできたにちがいない。オフィーリアは水と女性原理の融合を象徴しているのである。バシュラールはつけくわえて、「おだやかな水の中の死には母性的な特性がある」と語っている。

これらすべての構図が十九世紀の画家たちに——そして画家の次は詩人たちに——インスピレーションをあたえた。アングルの弟子たちから象徴派にいたるまでそうだが、全員が自殺のイメージを消し去っている。美術史家ジャン＝ロジェ・スビランの挙げる例とその解釈を追ってみよう。ドラクロワは褐色の髪のオフィーリアを見せてくれる。救いようもなく溺れてゆく宿命的な瞬間を描いた、衝撃的な犠牲者としてのオフィーリアだ。この画家が強調しているのは、死に絶えてゆく乙女のからだであり、真珠色をした肉体とその蒼白な色である。ボードレールによれば、その色は内面の戦いの徴なのだ。一八五二年にはレオポルト・ビュルト〔一八二三—一八六〇。フランスの画家〕が、「処女ゆえに硬くひきしまった」からだのオフィーリアを絵にした。優雅な金髪の乙女が、丸い胸を露わにして、その白さは古代の大理石を思わせる（図8）。このオフィーリアのからだには命がない。顔には表情がなく、からだの線の清らかさは完璧で、髪も静かに波うっている。ジャン＝ロジェ・

スビランによれば、オフィーリアの処女性は冷たいエロティシズムのオーラを授けているのであり、それこそ彼女の純な心のあらわれなのである。

最後に、同年に描かれたジョン・エヴァレット・ミレーの絵が想像力に大きな影響力をおよぼしたという事実がある。このエリザベス・シッダルの肖像は大成功を博した。彼の描いた乙女の形象は、その後何十年もオフィーリアの原型とみなされてきた（図9）。「謎を秘めて」、「中世の聖遺物」を想わせるような、不思議な眠る乙女の形象である。この受動的なイメージは、この十九世紀の後半に運命の女《ファム・ファタル》が繰り広げたエネルギーと劇的な対照をなしている。なかでも洗礼者ヨハネの首を持つサロメがその典型だが。また、若きアルチュール・ランボーの『初期詩篇』にインスピレーションをあたえたのもやはりミレーの絵であった。

星々の眠る静かな暗い流れに、白いオフィーリアが大輪の百合のごとくたゆたう。長いヴェールによこたわって、ゆるやかに……

もう一つの大きな変化については、簡単に済ませよう。オディロン・ルドンの描いたオフィーリアが導入したそれである。その胸像は、夜の青のまじった青緑色の水の中にゆっくりと沈んでゆく。その絵は、彼女が自分の運命を完璧にうけいれていることを暗示しているのだ(図10)。ここではきっぱりと形態が消去されていて、オフィーリアは花の後光にかこまれて夢の国にいる。

われわれとして言うべきことは、処女であり、同時にどこかエロティックでもあるという、十九世紀が提示した両義性によって、オフィーリアはきわめて謎めいた夢の乙女であるということだ。彼女は、狂気とその本性と、その二つの理由から近よりがたい乙女なのである。

眠れる森の美女

「まばゆいまでの輝き」（**シャルル・ペロー**）

ペロー『眠れる森の美女』

眠れる森の美女は、シャルル・ペロー〔一六二八―一七〇三〕の童話に出てくる幾多の夢の乙女たちのなかでも最も心惹かれる形象である。十七世紀に現われたこれらの美女たちは、たいてい王女だったが、いつもそうだったわけではない。シンデレラは王女ではない。そのかわり、どの美女も若い。作者ペローは処女が思春期にさしかかったときに話を始める。眠れる森の美女はこうして十五歳か十六歳になっている。妖精たちが重要な役割をはたすこのお伽噺は、青春の讃歌である。低級な心理学的分析に陥らなくても、糸巻で傷を負った眠れる森の美女の傷口から流れる血は、最初の月経だと考えてよいだろう。不幸な運命に陥れる邪悪な妖精は、おそらくそこで、この美女が思春期までしか生きられないことを示唆しようとしたのだ。

乙女はすばらしい美貌だった。「彼女のうちには何か光り輝くもの、神々しいもの」があるとペローは書いている。彼女には「まばゆいまでの輝き」があり、この点は、ペローのお伽噺にたくさん登場する他の美女と共通している。たとえば『ろばの皮』に登場する王女は美しく、「魅力」をそなえ、みずみずしい表情をしてフレッシュで、「才気」ももちあわせている。この娘たちは手足の繊細さでも際立っていて、シンデレラでは足がそうであり、『ろばの皮』の王女では指がそうだ。彼女たちはみな処女で清純であることはもう作者が言うまでもない。この乙女たちは保護されているのである。そのために時には両親の助けを得たり、あるいは代母である妖精たちに助けられたりする。どの娘も優しくて善良で従順で、継母を恨んだりしないということも言っておこう。

眠れる森の美女を死から救うために眠らせた良き妖精たちは、彼女のために恋の夢と愉しみを待つ時間とをそなえてやる。さまざまな植物を絡み合わせた帳《とばり》があらゆる攻撃から美女を護っていて、素敵な王子でさえ横切るのに苦労した。もう一つ、よく知られたポピュラーなお伽噺のヴァージョン(たとえばイヴォンヌ・ヴェルディエ〔一九四一—八九。フランスの人類学者。口誦の伽噺を研究〕による)では、美女はただ一本の木の下で眠っている。たとえば中世の物語中で乙女らがイチヂクの木やセイヨウサンザシの木の下で眠っていたように。

ペローを読むと、眠れる森の美女の長い待機、長い眠りは愛の欲望をかきたてるだけだと思われる。だからこそ素敵な王子との出会いによって目覚めるショックが大きいのだ。実際、美女は「はじめて見るのにふさわしいとは思えないほどの優しい」まなざしを青年になげかけるや否や、恋している様子をみせる。そうして、素敵な王子がこれほど遅れてやってきたのを咎めるのも、待ち焦がれていたからだ。

眠れる森の美女が愛を急ぐのもまた同じ理由で、これほど長く悦楽の夢のなかにくくりつけられていたのだから、結ばれるのは早いのである。作者は、二人の若人は夜食のあとすぐに結婚したという設定にしている。そうしてペローはこの処女は欲望を待ちきれないと言う。夢のなかであれほど待ったのだから、結婚の日は夕べも夜も少ししか眠らないのだと。ペローはユーモアをこめてこうつけ加えている。「王女さまはたいして眠らなくてもいいのである」と。

お伽噺のなかの夢の娘は、読者もおわかりのとおり、魅惑の王子と切りはなせない。彼は王の息子であり、やがてみずから王になるのを約束されている。彼は若くて、男らしく、なかでも狩りのシーンでは勇敢である。眠れる森の美女の前に現われた王子は美貌で、彼もまた、すぐに愛を交わしたいと願う。彼はいわゆる一目惚れをするのである。彼もまた美女と同じく婚姻へと急ぐ。そうでなければ、かれらの結合は姦淫でしかない。これではお伽噺の夢の乙女の振舞からはかけはなれてしまう。眠れる森の美女と素敵な王子とは対称的な二人の人物をなしているのであって、恋する処女性と母性とを分かちがたく結びつけた結婚のモデルを明らかにしているのである。かれらがつくりだすカップルに、姦通など考えられない。眠れる森の美女の待機と夢の長さ〔王女は百年間眠っていた〕はおよそ非現実的ではある。結婚した二人は幸福の形象を明らかにしているのであり、十八世紀はたゆまずこれについて分析を重ねてゆく。ペローの読者にとって、母性に満たされないような夫婦の幸福は存在しないのである。

ところで、お伽噺の後半で、食人鬼となった継母が打ち壊そうとするのは、まさにこのタイプの幸福なのである。若さと幸福と多産への讃歌に対して、あの昔の呪いが立ちはだかる。それは美女が生まれた日にやってきた意地悪な妖精の分身なのだ。これらのお伽噺のなかでは——はっきりとしているのだが——魔法と呪いが物語を動かす要素である。大事なのは女性のトリオなのだ。夢の乙女と、良き妖精と、しばしば食人鬼である継母と。素敵な王子はこれらの背後にひきさがってしまう。

それはともかく——というのもお伽噺はめでたく終わらねばならないからだが——ペローは、「結婚は恋愛の墓場である」という有名なことわざの逆をゆく。それこそこのお伽噺の中軸をなしているのである。ここでは夢の婚約者ははかなく消えたりせず、恋人たちが死によってへだてられることもない。イズー、ベアトリーチェ、ジュリエット、そしてオフィーリアの死を考えてみればよい。お伽噺の婚約者は、美と貞節と多産に織りなされた幸福の形象にむかって開かれている。

ところで一つの疑問がある。後の世紀に、眠れる森の美女によってより多くの夢想にいざなわれたのは少年か、それとも少女か。素敵な王子を待つというのは一つの大きなテーマであり、それだけでも一書に値するだろう。二世紀後にエミール・ゾラが『夢』〔一八八八〕のなかでこのテーマを書いている。十七世紀の別のお伽噺のなかでは、素敵な王子は美女を勝ち得る前に、自分のからだをはって数々の試練を経なければならないことに注意しておこう。たとえばオーノワ夫人の『青い鳥』〔一六九七〕がそうであり、このお伽噺もまたよく夢見させたものだった。

こうして十七世紀のお伽噺は、われわれの系譜のなかに、これまで見てきたような死や不幸とはかけ離れた、幸福をもたらす夢の乙女を刻みこむ。ことに——それはわれわれにとって本質的なことだが——これによって夢の乙女の形象は社会的に大きな拡大をみた。

眠れる森の美女は――そして素敵な王子もまた――教養のあるエリート層を超えて、広く知られ、人々を夢見させたのである。

パミラ

「泣くときほどあなたが美しいことはありません」（主人）

リチャードソン『パミラ』

十八世紀は、私たちが問題にしてきたような夢の乙女の想像力にかかわるものはそれほど多くはない。それでも夢の乙女について、いくつかの特徴は強調された。当時、一見するところでは、天使的な哀願の形象が衰えて、若く官能的な女性たちが描かれ、その行動が語られるようになった。『娘学校』〔作者不詳。二人の娘の会話の形式で性を語った本〕が出現して、性交の官能的メカニズムを学びたくてたまらない処女という人物をうちだし、われらが夢の乙女の前につきつけたのは一六五七年である。フランスでは——次にはイギリスで——十八世紀の間中、いわゆる二流と呼ばれるエロティック文学が人気を呼んで量産された。十九世紀になるとこの種の文学は検閲をうけるようになり、第三共和政〔一八七〇—一九四〇〕の到来とともに禁書措置が緩むまでそれが続いた。

世に出回ったこの種のエロティック文学に描かれる若い娘たちはいろいろ知りたがる。大人たちの愛の営みをこっそり覗き見たりする。彼女たちは、時には本を手にして自慰にふけることもある。彼女たちは、快楽を教える者がいると喜んで耳をかす。処女性を早く失いたくて、その時が来ると、ありとあらゆる快楽を学ぼうとしてやまない。要するに、私たちから見れば、彼女たちはディアーナの伝統から全くかけはなれているのである。ここ数十年間しきりに研究されてきたこのエロティック文学は、私たちには縁がない。したがって、今日その文学性を評価されているこれらの二流文学の普及と影響力を、あまり買いかぶらない方がよいと思う。

片手でしか読まれず——ルソーの言葉を借りて言っているのだが——、処女性を問題にして、その喪失の重要性を語るこれらの本にたいして、感傷的と呼ばれているもう一つの小説が存在している。しばしば書簡体で書かれ、処女性の堅持を何より大切にしているので、夢の乙女にふさわしいヒロインを描いている。私たちの関心にひきよせて言えば、十八世紀は、誘惑者の手管による脅威があり、誘惑者に出会ったときに繰り出す抵抗があり、処女性の喪失がひきおこすドラマがあったのだ。サミュエル・リチャードソン〔一六八九—一七六一〕のあの長々しい小説『クラリッサ・ハーロー』〔一七四七—四八〕が前面にだして描いているのがまさにこのテーマであり、そこでヒロインは長い抵抗の果てにラヴレースに屈してしまう。以後、彼の名は普通名詞になってしまった。フランスでは、ショデルロ・ド・ラクロの『危険な関係』〔一七八二〕があり、この小説では純なセシルがヴァルモンとメルトゥイユの陰謀に負けてしまうので、リチャードソンの小説と同根である。この点は周知のことである。とはいえ、忘れず言っておくべきであろう。パミラやヴィルジニーや、とりわけアタラといった夢の乙女たちの姿は、こうした戦いで自分をまもり、純潔をまもり、ことに処女性という宝をまもるために描かれたのだということを。

こうした処女性への固執は、ディアーナの美徳をめぐるすべての言説を組織だて、とにかく処女性はおびやかされているとみているのだが、私見によれば、ここで夢の乙女の形象は、無垢な自分をまもることができないばかりか、ときとして執拗に知りたがる娘やか弱い娘の形象と対置されているのである。ルソーの『新エロイーズ』〔一七六一〕のジュリーがこの点で良い見本だ。十九世紀前半の教育者がこの本を若い娘たちに読ませるのを禁じたのは、ジュリーが——けっこうたやすく——サン゠プルーに誘惑されてしまうからである。だから彼女は夢の乙女の一群には入っていない。しかもこの小説では何かとからだに関することが取り沙汰されており、それはジュリーの結婚の後にも二人の恋人たちが交わす胸ときめく手紙に——さらには恋人たちのふるまいにも——示されている。

そのかたわらにいまひとり、身をまもる戦いのさなかにある娘がいる。完璧に貞潔で、この乙女もまたそうして夢を見させることができた娘なのだ。リチャードソンのパミラのことである。一七四〇年に刊行されたこの小説は、今日忘れられている。当時は大いに売れて、大成功を博したものだ。最初の年にすでに五刷が出ている。また、時をおかずに多数の言語に翻訳された。フランスではアベ・プレヴォー〔一六六七―一七六三。フランスの作家。『マノン・レスコー』の著者〕が訳して序を書いている。リチャードソンの書簡体小説は十八世紀に大きな影響を及ぼし、ドニ・ディドロは『リチャードソン頌』〔一七六二〕でこの作家に大きな感嘆の念をささげている。「彼〔リチャードソン〕を読めば読むほど、読むのが好きになってくる」と記している。彼は、モーセ、ホメロス、エウリピデス、ソフォクレスらの作品が並ぶ書架の同じ棚にリチャードソンの三小説（『パミラ』『クラリッサ』『グランディソン』）を並べて、これらの本を交互に読んでゆくのだと語っている。ディドロによれば、確かに『パミラ』は「他の二冊より単純で、スケールも大きくなく、筋もこみいってない」小説であり、ヒロインは「他よりずっとおとなしい人物」だが、「といって、作者の才能が他より劣っているわけではあるまい」と結論づけている。

パミラは近づきがたい娘の最高の見本をなしている。彼女は悪徳の襲撃にたいして必死の闘いをいどむのであり、それればかりでなく、副次的に――それは小説の最後に明かされるのだが——自分自身の試練とも闘うのである。タイトル全文が明快にその主題を表している。すなわち、『パミラ、あるいは淑徳の報い』(図11)。教育的で道徳的な目的は、直截に、編集者の「読者へ告ぐ」に挙げられている。「財産のない美しい娘が美徳を価値にする」「美しくて才気のあるこの娘は、同世代の若い女性の模範になることができる」「彼女は、女性の優しい心を育み、名誉と美徳に導いてゆく純潔の模範なのだ」。それればかりか、編集者によれば、「この本は男性読者、ことに放蕩者の読者の心にしみて、彼を改心させることができる」。こうした言説すべてが、パミラを夢の乙女の系譜に入れてよいのかどうかをためらわせるものだ。結局のところ、彼女はただその闘いと熱い涙によってしんみりさせるだけではないのだろうか? 夢の乙女をかたちづくるには、あまりにナイーブであり、さらには少し間抜けではないのか? こうした理由からヘンリー・フィールディング〔一七〇七—五四。イギリスの作家。『トム・ジョーンズ』が代表作〕は頭からこの本を馬鹿にしたのだった。それでもなお私たちは、アナクロニズムは回避するにしても、当時にあって、この登場人物とその闘いが担った重大性を否認するわけにはゆかないのである。

作品の核心であるパミラの肖像とその冒険の物語をみることにしよう。この若い娘の目的は、主人が何度も繰り返す攻撃にたいして純潔を保つことである。彼女の価値の高さは、彼女がただの田舎の召使いにすぎず、四〇日のあいだ城館に幽閉されていたという事情に拠っている。当時は召使と主人の関係はよくあったことだ。彼女のおかれたシチュエーションは、どことなく後の暗黒小説のある種のヒロインたち、ことにアン・ラドクリフ〔一七六四—一八二三。イギリスの作家。ゴシック小説を書く〕のヒロインたちのそれを想起させる。

この田舎娘は、私たちが出会ってきたほとんどの夢の乙女と同じく十五歳になったばかりだった。彼女は「完璧な美女」であるとリチャードソンは書いている。ただしそれは技巧のない自然な美貌であって、城に出入りする貴族たちとはそこがちがっていた。主人に会うためにやって来る貴族の夫人たちは、パミラを見て言う。「あの娘は表情豊かな眼をしているわ」と言う者もあれば、「ごらんなさいよ、あの素晴らしい腰つきを」と言う者もある。「これまでにあんな顔も腰つきも見たことがないわ」と。その後から、主人がのぼせあがって叫ぶ。「何たる腰つき！　何たる胸もと！　何たる手！　何たる百合と薔薇の肌よ！」。要するに、彼らの言うことのおかげでパミラは私たちの夢の乙女の系譜につながっている。

ところが、パミラは美貌などに価値をおかず、「女としての私の唯一の飾り物」は凌辱しえない純潔だと言う。彼女は主人に犯されるかもしれないという恐怖のうちに生きているのだ。最初の襲撃に会ったとき、彼女は自分で闘った。「恐怖におののき」、からだから力が抜けて倒れたが、やっと逃げ出した。涙に泣きぬれていた。第二の襲撃では、主人は彼女を膝に抱き、無理やり首と唇にキスをした。「彼は私の胸を手でまさぐった」と彼女は両親に書き送っている。さらに文を続けて、この攻撃を前に力なく床に伏し、二時間も起き上がることができないまま、涙があふれたと書いている。ということは、パミラがいつも泣いているということ、そして恥じらいに頬をそめているということだ。これこそ純真な娘のふるまいの美質であって、貴族階級からは失われたものなのである。

第三の襲撃のために、主人はパミラの部屋のクローゼットの中に身を隠す。パミラが床につくと、姿を現した。「私はすさまじい悲鳴をあげて、ぐったりと気を失ってしまいました」と、娘は報告している。全身に冷や汗をかいていた、と。周りの者たちは、彼女が死んでいるのだと思った。けれどもパミラは目を覚まし、何よりまず、気を失っているあいだに強姦されたのではないかという恐怖に襲われた。そうして自分の宝を失い、気づかぬうちに淫欲を知ったのではないか、と。要するに、純潔から遠ざかってしまったのではないかと恐れたのである。だが、そうではないと、人々は安心させた。彼女は「最後の辱めからは護られた」のである。パミラの方は、何も覚えていなかった。

このドラマチックな出来事があってからは、主人は愛の告白を繰り返す。彼は手紙でも愛の証しを綴った。そうなると、恐怖や不幸は、徐々に、お伽噺にむかっていった。まず初めには、両親に宛てた手紙で、パミラはこう書いているのである。自分にむかって「泣くときほどあなたが美しいことはありません」と言った主人を憎めないのです、と。そう言いつつも、パミラは主人にむかってきっぱりと、あなたに手で胸をまさぐられるくらいなら死んだ方がましです、と言い放った。主人は「この年若いピューリタン」に支配されていると自認する。「あなたが気絶したとき、私は何もしなかったのです」と言って、彼は彼女を安心させる。彼は彼女を妻にしたいと言う。パミラは主人のこの善意に心打たれ、「彼の心を曲解していた」と認めるのだ。「私は自分自身に、いま自分にあたえられているものは何かと問いかけた［…］」。まるで自分が彼を愛していることを告白するような気がした」。両親に宛てた手紙のなかでも彼女はこのことにふれている。「ええ、これほどの率直さと優しさと寛大によって、自分がすっかり打ち負かされていると思うのです」「私は世の中で彼以外のひとなど決して考えられないでしょう」。自分の身の上がお伽噺に似ていることを彼女はみずから認めさえしている。その結果、主人が遅ればせながら素敵な王子に変貌する。

結論として——私たちには何よりそれが肝心なのだが——パミラは感じやすい魂をもっているのだと自分で認めている。彼女は、彼女自身の言葉で言えば、「［自分と］同じような娘たちが誰も感じたことがないような感受性をそなえていた」のである。一言でいえば、夢の乙女の歴史は、この十八世紀中葉に、感じやすい魂の到来に出会うのである。ほどなく、処女性の堅持をつうじて、別の感じやすい乙女たちが夢の乙女となってゆくことだろう。

シャルロッテ

――薔薇色のリボン結び――

ゲーテ『若きウェルテルの悩み』

シャルロッテ〔ゲーテ『若きウェルテルの悩み』のヒロイン〕にかかろう。もっとも完璧で、もっとも魅力的な夢の乙女に。彼女には、素朴さと深さと生まれながらの完璧さがそなわっていて、十八世紀末の男性が、想像するだけでなく、本気で欲望をそそられるような性質がそなわっている。小説中の人物であるこのシャルロッテは、自分の処女性をまもるようにふるまっていたこれまでの処女たちを超越している。彼女にとってそんなことは問題にならない。母が死の床で望んだ賢いアルベルトとの結婚は、小説中ではコメント不要である。それ以前の彼女の処女性は自明のことだ。

ウェルテルとシャルロッテが初めて会ったときから、ただちにシャルロッテは夢の乙女になってしまう。そのとき彼女が身につけていた薔薇色のリボン結びは、この小説のなかで、乙女の放った一瞬の輝きの象徴になっている。シャルロッテは素晴らしい美貌をもって現れる。ゲーテ〔一七四九―一八三二〕はざっと素描するにとどまっているが。彼女のものごし、頬や唇の色、そして何より、熱を帯びた黒い瞳が無垢さと、真の愛への性向と、無邪気さを示していた。といってもまだそれはウェルテルの官能をゆすぶるにはいたらない。というのも乙女は天使のように見えたからだ。シャルロッテはあのルソーのジュリーのような潜在的官能性を持っていないのである。

その後の数時間、シャルロッテは彼女のうちの言うに言えない幸福の源泉であるあの家庭の雰囲気のなかで描かれている。母が早く亡くなったので、彼女は六人の幼い弟や妹たちの面倒をみなければならないのだ。そのときシャルロッテが見せるシンプルな優しさは、激しくウェルテルの胸を打つ。乙女は恵み深く、貧しい者たちにあわれみ深いからなおさらだ――優しさとこのことは一つのことだが。ただ彼女のまなざしだけで、「苦しみは和らぎ、幸福になる」。そのうえシャルロッテはとても陽気である。彼女はダンスが大好きで、心も魂もこめて一心に練習するあいだ、身ごなしが柔らかいので、彼女のうちですべてが調和がとれている。だからダンスをするシャルロッテの肖像は、決してはかなく消えたりしない。まったく逆に、彼女のパーソナリティは強固である。彼女は健康そのものなのだ。彼女のうちには死に結びつくようないかなる特性もない。彼女は萎黄《いおう》病患者でも結核患者でもなく、ロマン主義時代のヒロインたちの多くがそうであるように、あるいはその後そうなるようにメランコリックでさえない。彼女が小説冒頭で弟や妹たちにあたえている食料のパンが、それを象徴している。

いや、それ以上のものがあるのだ。ここで私たちはおそらく本質的なところへ近づいている。シャルロッテは偉大な美的感受性をそなえている。彼女の趣味の良さはウェルテルから見て確かなものだ。だから彼はシャルロッテの才気と判断力を高く評価するのである。フリードリヒ・クロプシュトック〔一七二四—一八〇三。ドイツの詩人。『救世主』が名高い〕の作品だろうと、オシアン〔スコットランドの伝説の英雄詩人〕の詩だろうと、彼女の読書の選択をみても、「天使のような力で」弾くクラヴサン〔チェンバロ〕の弾き方をみても、彼女の才能は明らかだった。彼女の自然にたいする愛は、何にもまして深くウェルテルとの共和を強めた。ウェルテルは二人の散歩に強い愛着を抱いていたのである（図12）。

シャルロッテの方では、無邪気さがあり、純な魂があった。「僕にとって彼女は聖なる存在だ」。二人がよく会うようになった初めの頃にウェルテルは書いている。「彼女を前にすると、すべての欲望がしずまっている」。だからといって、乙女がウェルテルの手に自分の手をおいたり、彼女の「天の息吹がウェルテルの唇にかかりそうな時」に、彼が電撃に打たれたようにならないわけではない。散歩の途中で、ウェルテルはシャルロッテの黒い瞳をまじまじと見つめる。そうするうちに、ある日のこと、彼はそこに自分にたいする愛があることに気づくのだった。しばらくして、ウェルテルはシャルロッテのうちに、語の正確な意味の夢の乙女を見出して心を焦がす。

朝、まだしっかり目が覚めていないとき、僕はつらい夢からぬけだして、むなしく彼女のほうに腕をのばす。夜は、幸せで純な夢を見て、草原で自分が彼女の側にいて彼女の手をとり、千の口づけをしている夢にあざむかれて、側にいる彼女を探しもとめるのだがむなしかった。ああ！　まどろみからまだ覚めやらぬとき、僕は彼女を探し求め、そうして目が覚めると、胸がしめつけられて、滝のように涙があふれるのだ［…］。

それから数か月、ウェルテルの希望のすべてを消し去ることになったのは、この夢の乙女の心の深さであり、純一さであり、偉大さであった。シャルロッテは母から示された許婚者を拒否できないのである。自分のおかれた立場を思うと、シャルロッテは夫を裏切ることはできないのだ。ということは、ウェルテルの夢の乙女とその夫とは、調和のとれたブルジョワのカップルの見本になっているということだと、ゲーテは後に書いている。

ウェルテルが自殺の決意をするエピソードは、その少し前、ブラウンシュヴァイクの駐ヴェッツラー公使ヨハン・ヤーコプ・ヘフラーの秘書イェルーザレムの死が作者に示唆したものである。決意する前にウェルテルは、夜の夢と妄執と錯乱に悩まされる。一七七一年八月三十日にウェルテルは「何たる不幸な男!」と書いている。夏の日は素晴らしく、果樹園の木々の下でシャルロッテと共にいながら、「お前は馬鹿じゃないのか[…]、この世で僕をとりかこんでいるものも、すべて彼女と関係があるものしか目に映らない」「彼女の側で二、三時間ほど過ごして、その姿、ものごし、天使のような言葉づかいに酔いしれていると、僕の全感覚はしだいに逆上して[ウェルテルの手紙のなかにこの種の告白が現われるのはここだけだが]、眼はかすんで見えなくなり、耳はかろうじて聞こえているが、喉がしめつけられるように苦しくなって」、「僕の心臓」の鼓動はとんでもなく速くなる。

ウェルテルはたまらずに野をさまよい、山をよじ登り、藪に分け入って棘に身を刺されたりしてしまう。シャルロッテの夫になれたらと夢を見る。「ああ、この世でいちばん愛らしいひとをこの腕にかき抱くことができたなら[…]」。けれども、ずっと後の一七七二年十二月十四日の手紙にはこう書いている。「僕が彼女に抱いてきた愛はもっとも聖なる愛、もっとも純粋で、兄妹のような愛ではないだろうか」と。

　ウェルテルはラヴレースからもヴァルモンからもはるか遠く、小説のタイトルそのものが彼の苦悩を喚起している。けれども、ある出会いの試みが描かれていて、その試みが半ば挫折したためにウェルテルは自殺に赴くのである。ある夕べ、オシアンのヒロインの不幸な運命を読んで二人は共に涙を流した。「ウェルテルは自分の唇と眼をシャルロッテの腕に寄せた」。彼女の腕は熱く燃えた。若い女は震えた。身を遠ざけたいと彼女は思った。けれども、ありったけの苦しみと憐れみゆえに、ウェルテルに先を読んでと言った。すると彼はシャルロッテの足もとに身を投げて、その手を取った。彼女は彼の手を胸に押しあて、青年の方に身を寄せた。「燃えあがるような二人の頬がふれあった」。彼らにとって世界はもうなかった。ウェルテルは彼女を腕にかき抱いて自分の胸にひきよせ、「ふるえながら何かをつぶやいているその唇に、火のような接吻をあびせた」。するとシャルロッテは後ろを向いて、彼を遠ざけた。立ち上がると、叫んだ。「ウェルテル！　あなたにはもうお会いしないわ」。そうして彼女は彼の方に愛に満ちたまなざしを向けると、自分の部屋に閉じこもった。

それ以来、ウェルテルはもはや疑わなかった。彼は愛されているのだ。「彼女は僕のものだ！［…］永遠に！」。こうして、彼を自殺に導いたのは、夢の乙女の愛を生きることが不可能だったからなのだ。「私は先に行きます」。死んだ後に見出された手紙に、彼はそう書いている。

この小説の結末が数えきれないほどの自殺をひきおこしたという事実はよく知られている。この愛のレトリックは、心の潜在能力のどこかを震わせるのだ。後にゲーテは『若きウェルテルの悩み』を書いたことを後悔していると言った。とはいえ彼はこの作品が賞賛され、フランスで大成功をおさめたことを喜んだ。実際、ウェルテルはフランスで長きにわたって感情のモデルとして生き続けたのだ。たとえば、ずっと後になるが、ヴィクトール・ユゴーの『海に働く人びと』〔一八六六〕では、デリュシェットの愛を勝ち得ないことを知ったジリャットはみずから海に呑まれてゆくのである。

ヴィルジニー、アタラ

「私は光の粒子のようにどこまでも純粋で不変なのです」

ベルナルダン・ド・サン＝ピエール『ポールとヴィルジニー』

シャトーブリアン『アタラ』

ヴィルジニーは処女性の純潔と恥じらいを最高度にそなえた乙女であり、小説の結末部で彼女の栄誉が盛大に讃えられるのも不思議ではない。葬儀の折に彼女を讃える人々全員にとって彼女は夢の乙女なのである。そのうえで、ヴィルジニーは乙女の形象に新しい何かをつけくわえている。

まずはじめの導入で、ベルナルダン・ド・サン゠ピエール〔一七三七―一八一四〕は、無邪気に暮らしている兄妹のような愛というテーマをポピュラーにして繰り広げる。母のラ・トゥール夫人は、子供が生まれたとき、この娘が「幸福であるように、そして〔この娘に〕美徳があるように」と思って、ヴィルジニーという洗礼名を授ける。この美徳と幸福の絆を強調しておこう。ポールとヴィルジニーの二人の子供は、同じ一つの寝床に抱き合って眠る。二人はまったく無邪気に泳ぐ。かれらはたがいに兄と妹と呼びあっている――実際は二人は血縁としての兄妹ではないのだが。ことに、かたく結ばれあったかれらの無邪気さと純粋さは、彼らをとりかこむエキゾチックな自然の調和を映しだしており、彼らもまた彼らなりにその調和に貢献しているのである。自然世界の拡がりはともかくとして、彼ら二人を植物や木々や果実に結びつけ、熱帯の光に結びつけている緊密な絆を念頭におかなければ、ポールとヴィルジニーを理解することはできない。

ヴィルジニーの美しさと無邪気さが花開くのはまさにこの地なのである。他にも何人か私たちの夢の乙女たちの一群にあったように、ヴィルジニーは早くに適齢期をむかえる——作者たちはまさにからだが花咲く時を讃えているのだ。彼女は十二歳のときからもう育っていた。ベルナルダン・ド・サン＝ピエールは、かてて加えて、感性が自然との調和によって生まれた無邪気さと結びついている魂を明らかにしている。それがなければ、ヴィルジニーの肖像は私たちが古代から出会ってきた外貌と同じままにとどまっていただろう。「ふさふさとした金髪が顔にかかっていた。青い眼と珊瑚色の唇が、生き生きとした顔にかわいらしい輝きを放っていた。彼女が話すと、眼と唇がいつもいっしょにほほえんだ」。極度に感じやすい感受性ゆえに、ヴィルジニーは「かすかなメランコリー」を帯びていた。心をつくした宗教的教育によって育まれた憐れみの念から、あたりが静まりかえっている時などはことに、天を仰いで顔をあげた。この点でヴィルジニーは天使的《セラフィック》であり、その身振りによって、次の世紀にポピュラーになる絵画を先取りしている。その絵画は天使的な乙女たちを使って敬虔なイメージを描くのである。

ベルナルダン・ド・サン＝ピエールは、ポールとヴィルジニーが幼少の頃から無邪気に培ってきたおたがいの愛情が、兄妹のような友愛とは別の感情になりはじめる時を詳しく語っている。「彼らは［それ以来］まなざしを交わし合おうとしていた」。ポールは樹の皮に恋のときめきの言葉を刻んで、その幹に口づけをする。それから彼は愛の告白をするのだが、まさにそれは夢の乙女に捧げるような告白であり、彼女の存在は天にもあたりの空気にも、そして踏みしだかれた草にも刻みこまれているのだ。

何と言ってよいのかわからないのだけど、君が通りすぎた空気にも、君が座っていた草の上にも、僕には君の何かが残っているんだよ。君に近づくと、僕の全感覚がうっとりとしてしまう。空の蒼でも君の瞳の蒼さにはかなわない。ベニスズメのさえずりだって君の声ほど良い声じゃないのだ。

ヴィルジニーはといえば、十二歳になるまで、「処女である彼女の頭には」ただ単純な「混乱」しかなかったが、以来、裸になることが恥ずかしいことになってしまう。それまでは何ともなかったのに。そんなわけで、ヴィルジニーのフランス滞在は、彼女の眼には、フランス島〔現在のモーリシャス島〕のエキゾチックな自然から遠くなり……そしてポールから遠ぐなる、追放のように思えるのだった。

ヴィルジニーに全きオーラが授けられるのは、島に近づいてきたサン・ジェラン号が岸辺の暗礁にのりあげる時である（図13）。船が沈みかけたとき、「まっ裸で筋骨たくましいヘラクレスのような」ひとりの男が、ヴィルジニーに衣服を脱がせようとした。乙女は「威厳をもって男を押しのけると、その姿が見えないように向こうを向いた」。岸辺に押しかけた大勢の人々の目の前で、服を脱いで裸の男の腕に抱かれた姿を見せるなど恥ずかしくてできることではないのだ。彼女は男を見ることさえ拒んだのに。「ヴィルジニーは死が避けられないとみると、片手を服の上に置き〔裸体になりかねない危険にそなえた恥じらいの身ぶり〕、もう一方の手を胸に置いて〔この世への愛を表す象徴的な身ぶり〕、穏やかな眼を天にむけた〔ここで大切なのは夢の乙女と天との絆である〕。〔彼女は〕天にむかって飛んでゆこうとする天使のように見えた」。繰り返すが、十九世紀の敬虔なイメージは天使の比喩を多用する。眼を天にむけるのは救済を待つ象徴になるだろう。

これから考察したいのは、葬儀にあたってヴィルジニーに捧げられた弔辞において、彼女の個性がどのようにとらえられ、解釈されたかということである。もしヴィルジニーが話すことができたとしたら、きっとこう言ったことだろう。「私は恥じらいを捨てさせられるぐらいなら、命を捨てるほうがよかったのです」。それに続いて同じように簡潔な言葉があり、ディアーナや聖母マリアや夢の婚約者が結びついてくるのであり、この本の冒頭にこの言葉を掲げてもおかしくないだろう。「私は光の粒子のようにどこまでも純粋で不変なのです」。ここで自然が介入してくるのだ。ベルナルダン・ド・サン＝ピエールからみれば、自然には魂がそなわっている。あたかも海それじたいが、ヴィルジニーを砂に打ちあげて「彼女のからだを家族のもとに返し、彼女が無邪気さを誇って過ごした同じその岸辺に、恥じらいの最後の務めを果たしたかのようにすべてが運ばれる」。そうしつつ、海は二つの決定的与件を明らかにしている。すなわち、無邪気さと恥じらいである。

もうひとり、恋をしながら純潔を失うよりは死を選ぶ処女がいるが、その姿を素描するだけにとどめよう。シャトーブリアンのアタラ『アタラ』（一八〇一）のヒロイン」である。彼女も十八歳になったばかりだ。死にゆく母にたいして、処女性を決して傷つけたりしないと誓ったがために、シャクタスを愛していながら、誓いを破るより毒をあおぐ方を選ぶのである。アンヌ゠ルイ・ジロデの評判になった絵画「アタラの埋葬」（一八〇八）が小説の悲劇的シーンを倍加して伝えている（図14）。小説におけるシャトーブリアンは、アタラの遺体を描きながら、私たちの夢の乙女の美の特性を多々とりあげている。時すでにロマン主義の調べが聞こえはじめた時代だったが、これについては後にふれることにしよう。

「アタラは山に生えるねむり草の芝の上に横たえられた。足や頭や肩、そして胸の一部があらわになっていた。髪には色褪せたモクレンの花［…］。唇は二日前の朝に摘み取られた薔薇の蕾のようにしおれて、ほほえんでいるかに見えた。輝くばかりに白い頰には幾筋か青い静脈が透けてみえた。美しい眼は閉じられ、慎ましい足は揃えられて、雪花石膏《アラバスター》のように白い手は、胸にかけた黒檀の十字架をおさえていた。これほど神々しいものを私は見たことがない」とシャクタスは叫ぶ。アタラは「眠れる純潔の像」のように見え、「月がこの通夜に青白い光を貸していた」。

シルフィード

「神秘と情熱のえもいわれぬ融合」（**シャトーブリアン**）

シャトーブリアン『墓の彼方の回想』

ある時は精密に、またある時は素描的に、夢の乙女を喚起してきた詩や小説の世界を離れて、青春に特有の夢幻的創造のありようをみることにしよう。ちょうどコレージュを出た頃、数十年後にシャトーブリアン〔一七六八―一八四八〕が『墓の彼方の回想』〔一八四九―五〇〕で描いたような年頃にみあった夢である。シャトーブリアンが我が空気の精《シルフィード》と呼ぶ妖精、朝となく夜となく彼のそばに現われる妖精は、本性からしてはかないものである。想像のなかで彼女はたえず変身をとげてゆく。時として青年の精神がたかぶっている折など、その感動的な無邪気さを失って、気づかぬうちにヴィーナスの娘に変貌してしまう。

老シャトーブリアンの思い出の正確さに異を唱えるのは私たちの目的ではない。ただ以下のことについては簡単にふれておきたい。一つは、シャトーブリアンが描くある種の幻覚は、ノヴァーリスのハインリヒ・フォン・オフターディンゲン〔代表作『青い花』の主人公〕のそれを想起させるということである。また、後でもういちどふれるが、女性の亡霊によってひきおこされる病的妄想の進展の描写は、しばしば「医学的症例」の記述をなぞっているる。シャトーブリアンが回想を書いていた時代、この種の文献がとても充実していたのである。重要なのは、シャトーブリアンの作品が広く読まれ、若きシャトーブリアンと同じような感情的状況にあったひとたちが、シルフィードにたいして無関心でいられなかったということである。

亡霊の生成を考察しよう。この亡霊は正確な自然背景から生まれでている。すなわち、コンブールの古城、その森、その平原、その沼である。若きフランソワ＝ルネは、そこで孤独に囚われている。姉のリュシルを夢の乙女にしていた彼の魂は、彼女の魅力にひきつけられて、そのためにもしかして他の女性から受けたかもしれない影響力が途絶えた一時期があったのだ。リュシルは無邪気そのもので、「女性としてたいそう美しい顔立ち」をしていた。とはいえ弟は彼女をひたすら天使だとしか思っていない。回想を書きながら、彼はそれを自認している。リュシルのイメージは「純粋さのヴェールで他の女性のイメージを覆い隠し、僕のまわりを厚いヴェールでおおっていた。自然はそのヴェールを持ちあげようとしていたのに」。ということはすなわち、彼が自分の人生の伴侶を外に訪ねてゆくのをリュシルが邪魔していたということである。『回想』の作者の思い出に従うかぎり、フランソワ＝ルネは、誰であれリュシル以外の女性を前にすると、ひどくはにかむのだった。女性がそばにいるだけで動揺し、彼の顔に当惑の色が浮かび、赤みがさした。相手の女性が彼に話しかけると特にそうだった。女性と二人だけになるのは彼にとって苦痛でしかなかったのである。とはいえ、フランソワ゠ルネは鈍感だったわけではない。古城にやってきたある女性にうっかり抱きつかれ、胸のふくらみを感じたときには快感を覚えたし、その思い出は一生残った。

自然のなかでの孤独、周囲に女性がほとんどいないこと、内気さ、そして激しい想像力が当然ながら内向性をもたらした。したがって「僕は自分の漠とした欲望の力をかりて、一つの亡霊を創りあげた。その亡霊は二年近くのあいだ僕から離れなかった」という告白も理解できる。想像力がどのように働いてこのシルフィード誕生にいたったか、考えてみよう。想像力の作用はまず、感情的な思い出が宿る現実のさまざまな要素が結びつくところから生まれる。シャトーブリアンは次のように書いている。「自分がこれまでに会ったすべての女性のさまざまな特徴を使って、僕はひとりの女性を創りあげた。その女性には姉にそなわる才能と無邪気さ、母にそなわるやさしさ、そして僕がかつて胸に抱きしめた素敵な見知らぬ女にそなわる体つきと髪とほほえみがあった。僕はその女性に、ある村娘のもつ目と、別の村娘がもつみずみずしさを付与した」。そのうえ、この想像力の作用によって一連の空想の女性たちが喚起されるのだが、それはフランソワ＝ルネの立場と、若い貴族としての彼の教養が夢想させる女性たちなのだ。「フランソワ一世、アンリ四世そしてルイ十四世の時代に生きた貴婦人たちの肖像画が、城の客間の壁に掛かっていたのだが、それが他にも女性のいろいろな特徴を提供してくれた」。

妖精が自然をあやつるようなお伽噺を読んだ思い出もまた、夢の女たちを想像するのに役立っていた。フランソワ＝ルネは神を冒瀆することさえいとわない。教会の壁に掛けられていた聖母マリアの絵など美しいものを盗んだことがある、と告白しているのだから。もちろん大罪である。

要するに、ここまでのプロセスは実にシンプルなように見える。ところがシルフィードの姿が複雑になってしまうのは、青年が絶えずその絵に筆を入れるからなのだ。これについて彼は「彼女は僕の気まぐれのままに姿を変えてゆく」と書いている。このような多様性は、彼の精神のうちに、私たちの主題であるディアーナとヴィーナスとの緊張関係があることを示している。「彼女はディアーナのように冷徹であり、ヘベ〔ゼウスとヘラの娘。「青春」を意味し、若返りの力をもつ〕のように魅力的でもある」「時として彼女は妖精になっていた」。想像力の作用は、傑作を実現しようとする集中性に傾く一方で、さまざまな魅力を拡散させて散らばらせる方や、それぞれの魅力を個別に賛美する方にも働いている。こうしてシルフィードの姿はさだめなく浮遊する。二十世紀になると、このプロセスを、ルネ・クレールが映画『夜ごとの美女』〔一九五二〕で見せてくれて、二つの比較もできるようになったものだった。

このような想像力の働きは、時に途切れて、現実に回帰することがある。そうなると若きシャトーブリアンは自分の欠陥ばかりが気になってしまう。自分はシルフィードに値しないという絶望感に襲われるのである。すると彼はふたたび夢の世界に浸って、自分の模範となるような男性群のパンテオンをつくりあげる。幻の女性に愛されようとして、ある時はジャンヌ・ダルクの戦友ラ・イールになってみたり、またある時は騎士の鑑バヤール〔一四七六―一五二四。フランスの武将。武勲と騎士道精神で名高い〕になってみたりする。

医者によって強制的に書くことを求められた病人、すなわち自分の病いの兆候を記述し、苦痛を語るよう求められたすべての病人の例にもれず、シャトーブリアンも、いつも共にいて彼から離れずに歩みを共にするシルフィードの存在がもたらす身体症状を描いている。

内向性はますます激しくなって、「もはや誰とも口もきかなかった」。「僕は本などそこらに放り出し」、ますます一人になりたがった。その結果、やつれ、不眠、陰気、集中力の欠如、自己嫌悪、人嫌いなどの症状が出てくる。それでもなお、逆説的だが、不幸に見えておかしくないこの経験のうちに、よろこびがあって、心の奥底にひそんでいるのである。「僕の日々は」と何十年も後にシャトーブリアンは書いている。「人から離れて、奇天烈で、常軌を逸したまま過ぎていったが、それでいて甘美なよろこびに満ちていた」と。

こうした事実は、自然の懐に抱かれたフランソワ゠ルネとシルフィードの二人連れを想起させる。シャトーブリアンは、柳の木の真ん中に空いた窪みのなかで、ニンフのかたわらに座って過ごした「甘美な時間」のことをていねいに語るというより素描し、夢の女友達と連れだった散歩のことも忘れていない。そうして、おそらく何より特筆すべきは、自分の部屋で味わう夜の妄想の描写だろう。それは、西欧のロマン主義に特有の宇宙的妄想である。「僕は僕の魔術師と共に雲の上に乗り、彼女の髪のなか、まとったヴェールのなかで転がっていた」。宇宙的妄想は、森の頂にまで至り、そこから「広々とした空間を見はるかすのだった。［…］世界は僕の愛の力の思うがままになっていた」とシャトーブリアンは想起している。このような豊かな想像力は、ディアーナとヴィーナスの一体化をもたらすのであり、両者の二分化や、天使的な哀願と官能的な魅惑のあいだの緊張関係を生み出すのではない。シャトーブリアンは書いている。「僕は自分の素晴らしい創造の内に、もろもろの感覚のありとあらゆる陶酔と魂のありとあらゆる喜びを同時に見出した」。シルフィードは、「処女であるとともに恋人であり、無垢なるイヴであるとともに堕せるイヴ」でもあって、「神秘と情熱のえもいわれぬ融合」であった。

シルフィードのイメージはあまりに強烈なので、夢は病理学に至りつく。幻覚はしまいに危機をひきおこすのである。それ以後のシャトーブリアンの回想録は、医学的症例の模写と化してしまう。「彼女が歩いていたとしよう。彼女に踏みつけられるため、あるいはその足跡に口づけするために、僕はひれ伏していた」「彼女のほほえみにわくわくして、その声を聞くだけで心が震え、欲望に身震いしたものだった［…］、彼女の湿った唇から洩れる熱い吐息は骨の髄までしみた」。幻覚は想像上の一体化に至りつく。「僕は自分の本性を投げ捨てて、自分の欲望の娘と一つに混じりあった」。夢の幸福は、これ以後、耐え難いものとなり、死への欲望をひきおこす。『回想』の著者を信じるなら、フランソワ＝

ルネは自殺を試みているのだ。幸い、銃は発射しなかった。ウェルテルの小説中の運命との類似が頭に浮かぶ。夢の乙女の異なる二つの性質によってひきおこされた現実と想像の対立は、同一の結果ではなくても、同一の身ぶりに至るのだ。

フランソワ＝ルネとシルフィードとのアヴァンチュールを終わらせる「異常な病気」について言えば、あらゆる重病を終わらせる「激しく不規則な」危機というヒポクラテス学説のモデルにいかにもふさわしいものである。青年は六週間ものあいだ生死の境をさまよい、命拾いをしたのは、もっぱらリュシルの愛情あふれる看護のおかげだと思っている。医者は回復期の病人にコンブールを立ち去るようにと命じた。

この亡霊、このシルフィード、まったくの想像の産物であるこの夢幻的存在を、私たちの夢の乙女の系列に入れるべきであろうか？　ここでもまたシャトーブリアンのテクストは、夢の乙女の詩的ないし小説的な創造である以上に、生まれつつあった精神医学が命じる自己記述に似た様相を呈している。けれどもロマン主義作家は、ノヴァーリスのところで指摘し、ネルヴァルについても見るであろうように、一体化を大切にしたのである。そのために、形象は混乱をきたし、これ以後、単純さを放棄してしまう。そのうえで、シャトーブリアンは『回想』のなかで、シルフィードは後に自分の人生から排除されたということを強調しているのだ。彼女はノスタルジーをかきたてなかった、と。シルフィードは感情的後遺症とでも呼びうるものを残さなかったのである。シャトーブリアンは一連のアヴァンチュールを、夢幻と現実、ディアーナとヴィーナスのあいだの緊張関係にゆさぶられる青春特有の想像力の病いとして示している。

グラツィエッラ

「こころの甘美なやすらぎ」（**ラマルチーヌ**）

ラマルチーヌ『グラツィエッラ』

一八四四年に執筆された——著者が言っているように一八二九年ではなく——『グラツィエッラ』というラマルチーヌ〔一七九〇—一八六九〕の小説は、二十世紀半ば以後は忘れられている。ところが、かつてこの書は書店で売れに売れ、作者の存命中に二度の再版を重ねた。とりわけ、当時「鉄道文庫」と呼ばれていた冊子版で大いに普及したものだ。一八六〇年から一九六〇年のあいだに『グラツィエッラ』はおよそ八〇刷を重ねている（**図15**）。この作品はたくさんの国で翻訳され、たとえばイタリアでは一九二一年から一九六〇年までのあいだに二十四版を数えている。三つのオペラ化があり、いくつか映画にもなっていて、もっとも遅いものは一九五六年制作である。グラツィエッラという人物は、こうした華々しい成功と作者の威光だけをとってみても、私たちの夢の乙女の系譜に姿を刻む価値がある。

ラマルチーヌによれば、グラツィエッラは彼が十八歳になったときに姿を現した。十六歳の娘の「素朴な美しさ」はたちまち心を打った。当時は読み書きもできなかった、漁師の家庭に生まれたこの若きイタリア娘をモデルに、ラマルチーヌは地中海の浜辺の美しさがつきまとう古代風の肖像を素描している。彼女の裸の腕の白さを躊躇なく強調しているのは、暗黙裡にあのナウシカが念頭にあったことを匂わせているかのようだ。グラツィエッラの上半身は「すらりとして細い」。「切れ長で大きな彼女の眼は、漆黒とも海の青ともつかないあの含みのある色をして、その色が、うるんだ眼の輝きを和らげ、女性の眼に心の優しさと情熱の力とを等しくあたえていた」。こうした特徴は、ラマルチーヌによれば、地中海生まれの女たちが空と海の澄みわたる蒼から借りてきたものなのだ。グラツィエッラの頬は、民衆の娘にふさわしく、南国の健康な白さに輝いている。「唇は我々の国の気候のもとにある女たちのそれより開き気味で厚く、その襞には無邪気さと善良さがきざまれていた」。そのうえ彼女の歯は真珠の輝きだった。

まだ子供っぽい彼女の声は一つの音楽であり、その眼は、彼女をとりかこむ者たちに、まるで夢の底から目覚めたようにぱっちりと見開いた視線を投げかける。若い娘は、子供たちや兄弟姉妹たちには母性的な優しさをもって接している。家族の仕事には手助けをしている。織物をし、ぶどうを摘み、夕食の支度をする。

夜なべのさなかに『ポールとヴィルジニー』を音読するシーンは、小説中で大きな位置を占めている。この書物がグラツィエッラの生き生きとした感受性を明かすのだ。この小説は彼女の涙を誘いだし、心を露わにするのである。この夜を過ごすうちに彼女は六歳も歳をとったようにみえたとラマルチーヌは述べている。突如としてヴィルジニーの魂に食い入って、「彼女の額には激情の色がうかびあがり、眼にも頬にも蒼白な色がうかんでいた」。涙によって変貌した娘をじっと眺めたために、それ以後のグラツィエッラのイメージは、私たちが語り手と呼ぶところの人物の夢のなかを漂うことになる。語り手は彼女とヴィルジニーとを混同するに至り、それをとおして、グラツィエッラが私たちの系譜のただなかに位置していることを正当化してくれるのだ。

ある青年が重篤な病いに陥ったとき、まさしく「優しさの現身《うつしみ》」であるグラツィエッラが彼を癒す。「澄んだ眼」と「声の響き」、「素朴な顔立ち」、そして「もの静かな態度」が彼を癒したのだった。この天使のような女性はまるで妹であるかに見えた。私たちがこれまでにみたように、これはロマン主義的な夢の乙女の要件なのである。

それからしばらくして、グラツィエッラの美貌が新たな輝きを放つ。語り手は眩しさを覚えると同時に、ある種のためらいを覚えるようになる。語り手のうちには、妹なのか婚約者なのかが判然としない気持ちが芽生え、「こころの甘美なやすらぎ」を感じるとともに、二人が共にある幸福を感じもする。グラッツィエッラは、「僕が心騒がせることなく安心していると、同じように何の心配もなく清らかだった」と語り手は書いている。この感情の共振こそ二人の出会いの独創性をなすものだった。二人には「心と感覚の甘いときめきの熱」など一切なく、青年と娘の関係に介入してくるあの羞恥心も一切なかった。

その後、しばらくの間だったが、家族が彼女をある漁夫と婚約させようとする事件がもちあがった。すると二人の感情は深まって、平穏さが消えてしまう。語り手の前にふたたび姿を現したグラッツィエッラはこう宣言する。「私の心の婚約者はあなたよ」「ひそかにあなたにからだをゆるしていたわ」「あなたが好き。あなたが好き。あなたが好き」。その後は一晩中、「心をひらいて、なおかつ素朴で純粋な言葉を交わしあい、二人はたがいに優しさを吐露しあうのだった」。三か月ほどエデンの楽園と想像の至福の時が流れた。グラッツィエッラは「神を前にしたかのような姿で、無邪気さ、子供らしさ、無頓着さをさらけだした」。「心は人生に一度しかない時を生きていた。つきることのない唇のささやきと共に心がもう一つの心にむかってありったけの自分を注ぎだすあの時に」とラマルチーヌは書いている。

けれども思春期の影響が出てくる——すでに見たように、これは夢の乙女たちを語る際の紋切り型の一つである。グラツィエッラの「すらりとした姿」は、思春期に入ってみるみるうちに「より丸みをおびて馥郁たる曲線に変わっていた」と作者は記している。何かある遊惰なもの、ある物憂げなものが全身に刻まれていた。「女が恋するときの最初の発作の重み」が現われていたのである。彼女は彼といると、「これまでに一度も見せたことのない恥じらいやはにかみを態度にだし、まなざしも仕草もそうだった」。そうしてこれが幸福の喪失をひきおこすのである。

別離の時がやってきた。青年がパリに帰る時が。それは、「純な愛、素朴な愛情が砂の上にこぼれ落ちて、世の風に花と散る」あの残酷な年の到来であった。つまりそれは、男が「真の幸福を知るのは、それを失った後である」ということなのだ。別離の後、ほどなくしてグラツィエッラの死が訪れるのである。彼女の死は、悔恨の念をうたい、乙女と死とのロマン主義的な絆をうたいあげる詩的文学の到来をきり開く。「十六歳！　死ぬにはあまりに早すぎる！」。「はじめての悔恨」と題され、グラツィエッラの面影に捧げられた詩のなかでラマルチーヌはそう叫んでいる。

専門研究者たちは小説のなかから自伝に属すると判断できる部分をとりだそうと試みた。彼らはラマルチーヌが地中海のほとりで経験したこのアヴァンチュールの内にある真実と虚構との分離を図ったのだ。そこからひきだされたのは、この青春の出会いが、彼の内に、あまりにも早く消え失せた夢の乙女の姿を長きにわたって刻みこんだという事実であった。

オーレリア

「僕は、今の世の普通の女をラウラやベアトリーチェに仕立てあげたのだ」（**ジェラール・ド・ネルヴァル**）

ネルヴァル『オーレリア』

ジェラール・ド・ネルヴァル〔一八〇八—五五〕の『オーレリア』は一八五五年二月十五日に刊行されるはずだったが、作者は一月二十六日に首をつっており、不確かな原稿が残されている。この作品は、夢と人生のハーモニーをつくりだし、夢想の宇宙に一つの「新しい光」をあたえたいという欲望から成っている。それゆえに、夢を見つつ、その夢を注釈するという主人公の二重化が発生するのである。したがってオーレリアは語の正確な意味で夢幻の存在なのだ。このことを考えて、私たちは彼女を夢の乙女の系譜に入れるのをためらった。夢の乙女は、シャトーブリアンのシルフィードをもふくめ、本来の夢というよりも夢想に属しているからである。私たちはまた、虚構の存在ではあっても肉体をそなえた乙女のような姿で現れて感情をかきたてる乙女たちに出会ってきた。オーレリアの場合はそうではない。

ネルヴァルの作品は、私たちがこれまで見てきた諸作品よりもドイツ・ロマン派の夢幻小説に非常に近く、ノヴァーリスに似ており、それ以上にジャン・パウル〔一七六三—一八二五。ドイツの作家。主要作品に『巨人』ほか〕に似ている。とはいえ私たちがオーレリアという女性を取りあげるのはそのはかなさそのものによってなのだ。さらにまたオーレリアは若きシャトーブリアンのシルフィードよりもずっと狂気に結びついているところが大きい。シルフィードはいかなる後遺症も残さなかったのだから。『オーレリア』は当時医師たちが命じていた文章化《エクリチュール》に属しており、医学的症例の文献に呼応するところがある——ネルヴァルは主治医のブランシュ博士〔一八二〇—九三。パリの精神科医。モーパッサンやネルヴァルも患者だった〕の影響力から解放されたいと思ってはいたのだが。こういうわけで、ネルヴァルの作品はある種のカタルシスの狙いがある。

専門研究者たちの言によれば、オーレリアの背後に隠れている女性の姿を究明するのは無駄である。彼女の肖像はおそらくさまざまな思い出の集合や、「密やかな仮面」の寄せ集めからできているからだ。もしかして初めにインスピレーションをあたえた女性がいたとしても、把握できない。それかあらぬか、この女性の名前も徐々に消えてゆく。オーレリアはしだいに「Axxx」になり、次には「xxx」になってゆく。ネルヴァルが小説に描くすべての女性たちについて確実に言えることなので、オーレリアの内にも、作者が二歳のときに死んでしまった母の近づきがたい姿が隠されていると言われてきたものだ。もしそうであれば、オーレリアは挫折せざるをえない悲劇的探求の結果でしかなく、おのずと表象するのが難しいということになる。けれどもこのような分析は、確かに本質的ではあるものの、私たちの夢の乙女という主題からは外れている。

おそらくネルヴァルのテクストを、十九世紀に夢について行われた数々の探索――ことにアルフレッド・モーリー〔一八一七―九二。歴史家。夢の研究で知られる〕のそれ――フロイトの研究にさえ先立っていたもの――と関連づけてみるべきだろう。私にはこの操作の試みが不十分であったように思えるのである。歴史家のジャクリーヌ・キャロワが、当時採集された資料の豊かさを最近示してくれた。そのなかから採った短い一節をネルヴァルのオーレリアと比較するだけでも、私の言っていることがおわかりかと思う。たとえば以下に引くのは、靴直しで詩人のジャック・ル・ロラン〔一八五六―一九〇四〕が書きとめた一夜の夢の物語である。

城の方へ足を運んでゆくと、階段のいちばん上段に、光り輝くような金髪の娘の姿が目に入ってきた。ぼんやりとしたからだの線が震えながら、もやる霧のなかに消えていた。優雅な身振りで私の方に飛びかかって来ると、娘は私に触った。若々しい乳房のやわらかみが胸に感じられ、裸の腕の初々しい産毛が頬を撫でた。すると僕ははかりしれない幸福感につつまれた。そして突如として僕は無邪気ではつらつとした青年の心が自分にあることに気づいた。それはいかなる不幸な経験にも触れたことのない無傷な心であり、ありとあらゆる欲望がかなえられると信じ、どんな喜びも可能だと信じている。それは、比類ない至福の瞬間であった。

ところが僕が娘の抱擁に応えようとして、僕の胸に強く抱きしめると、まるで霧氷か蒸気かでできているみたいに彼女には形がないのがわかった。壊れた人形のようにかすかな声をあげると、僕の腕のなかで溶けてしまった。

『オーレリア』もまた夢の劇場の産物であり、そこに筋立てや、恋のアヴァンチュールの物語を求めても無駄だろう。とはいえ最初の数行はそれを示唆しているとも言えるのだが。「長いあいだ愛し続けてオーレリアと名づける女性を失った」。その喪失は語り手のうちに「胸をえぐるような悲痛」をひきおこした。ネルヴァルは――そしてこのことは、少なくともオーレリアを私たちの系譜に入れてきたのが正しかったことを十全に証すものだが——加えて、夢の構築のプロセスにおいて、私たちがみてきたような文学的形象の影響を受けていることを示している。「自分をもはや愛していない女性をプラトニックな愛で愛するなんて、何というばかげたことかと自分に言いきかせるのだった［…］。僕は詩人たちの創作を真にうけて、今の世の中の普通の女をラウラやベアトリーチェに仕立ててあげたのだ」。ほかにも、あるページでは『新生』に遠くない箇所がある。有名な「現身《うつしみ》の女性」をめぐる箇所で、その女性はいっときオーレリアの分身になり、彼女の友人ともなっていた。

それからは、ネルヴァルの作品は全面的に幻覚の領域に入る——その背後には、専門家によれば、一八四一年に作者が経験した危機の話がある。最終稿では消された最初の夢では、ネルヴァルは母方の大叔父のところでオーレリアの姿を見かけている。「叔父のそばに、一人の女性がいるのが見えた。はじめはぼんやりとしか見えなかったが、しだいに顔だちがくっきりして、オーレリアの顔だとわかった。驚きはなく、よろこびがこみあげた。僕はオーレリアが叔父の娘なのだと思い、すぐに自分の愛の理由がひらめいた」。それというのも、この大叔父の作とされる一枚の絵があって、「その絵の中心人物の姿が、ずっと後になって僕の心をひいた女性のタイプの顔だちをしていたからである」。

第二の重要な夢は、本書の銘句にもなりうるようなテクストを含んでいる。作者は、太古の人種がいまだ残っている街に運ばれている。若い娘たちが散歩をしていた。「これらの娘たちはあまりにも美しく、あまりにも顔だちが優雅で、彼女たちの繊細な姿かたちをとおして、彼女たちの魂の輝きがあまりにも生き生きと透けてみえたので、彼女たちはどの一人をとっても同じような、欲望のない一種の愛をよびおこし、青春の漠とした情熱の陶酔のすべてを要約していた」。それから、漠とした蒸気のうちに溶けてゆきながら（靴直し詩人の夢のなかと同じように）、「彼女たちのきらきら輝く眼は、闇のなかに消えゆきつつもなお微笑みの最後のまたたきが光っていた……」。

作品の第一部は、死んだオーレリアが現前するところで終わっている。テクストは改めてベアトリーチェやラウラを喚起する。作者は、オーレリアが「生きているときよりも死んでからのほうがよりいっそう」自分のものになるだろうと強調している。彼女は神々しさを帯びた姿で立ち現れたのだ。彼女の死以前には「軽薄な恋」に走って、彼女の面影を汚していたのだと後悔の念にかられてしまう。これは、ベアトリーチェがダンテにむけた非難を想起させる。「愛しあう心と心が再会する世界」があるという確信にも、ダンテへの言及が感じられる。「僕がかつて見たことのある理想の世界」とネルヴァルは書いている。

作品の第二部では、改めて、さまざまな夢が継起する。作者は、鏡の中にオーレリアの「愛しくも優しい姿」を見たように思う。「悲しそうで、憂わしげな」様子だった。そんななかでも特に、幾人かの行きずりの娘たちの顔にオーレリアの面差しを読んでしまうことがある。夢の乙女の古典的な転身である。最後に、病の治癒に結びついた大いなる夢は、これまでの私たちの逍遥の間に出会ったさまざまな要素を一つに集め、結びつけてくれる。田園をさまよいながら、作者は星々を見つめる。そのうちの一つの星が大きくなり、「するとわが夢の神々しいひとが僕に微笑みかけてくる」と彼は書いている。「そして野は緑豊かに、花々も木の葉も彼女の歩みにつれて地から生えて伸びてゆくのだった」「ああ、わが愛しの恋人はなんと美しいことか！　彼女はかくも偉大なので世を赦し、かくも善いひとなので僕をも赦してくれたのだ」「僕はとても甘美な夢から覚めた。夢のなかで僕はかつて愛した女に再会した。彼女は変貌し、光り輝いていた」。

おわかりのように、古典文学の夢の乙女が終わると、この乙女の形象が夢のなかで溶解し、妄想にいたる時代が来た。十九世紀中葉にあって、このロマン主義的な逸脱は一作品だけのものではない。一八五二年、ルコント・ド・リールは『古代詩集』でギリシア・ローマ文学の夢の乙女をよみがえらせ、『夷狄《いてき》詩集』では、彼女たちをオシアンのヒロインたちと比較しながら再提示している。クリュティア〔ギリシア神話のヒロインの一人。アポロンと恋仲だったが、アポロンに捨てられたあと、あきらめきれず、毎朝早く起きて、一日中顔を天に向けて立ち、天をかけるアポロンの太陽の車を眺めていた。彼女はその場に根を生やし、いつも太陽に顔をむけているヒマワリに変身した〕の肖像を読んでみよう（図16）――おそらくそれが、オーレリアとの隔たりの大きさを測り、十九世紀中葉の読者にこれほど対極的な肖像が提示されていたという事実を理解する最良の方法であろう。

キラキラとまぶしい笑みが頬に輝き
クリュティアは薔薇色のこめかみをヒヤシンスで飾る〔…〕
ドレスの裳裾はチャーミングな膝の丈で結んで、

草原を駆けながら柔らかい草や薔薇を揺らしてゆく［…］
首には、金髪がふさふさとかかり、
唇は萌えはじめたセイヨウサンザシのようにきらめき、
しっとりと朝露に濡れた小鳥たちが歌い、
美しい瞳は、朝の水甕が花咲く草むらに流した神々しい明るさに輝きわたる。
キラキラとまぶしい笑みが頬に輝き、
クリュティアの裸の腕はひたすらまろやかに、
その肩は雪の白、暁の光がその上で戯れる。
しなやかに歩んでゆく、その跡に銀の百合が咲く、
クリュティアはすらりと背が高く、誇り高きかの狩の女神たちにも似て
女神たちは日の落ちる頃に森を通りすぎてゆく、
すると快い風が、クリュティアの三つ編みの髪をもちあげると、
たちまち若さと愛の香りが広がってゆく［…］
イブレイ山〔シチリアの山〕のミツバチたちが一日の始まりにたてる羽音も

クリュティアの唇が口ずさむ朝の歌の新鮮さには敵わず
雪花石膏《アラバスター》さながらのクリュティアのからだにひらひらと掛かる清らかな亜麻布は
私の眼に、神殿にかかったヴェールより畏れ多い［…］

これ以降というもの、愛の営みの歴史が夢の乙女のオーラを薄れさせ、乙女の影響力にも影がさしはじめるのだ。それ以後のフランスに定着したプロセスは、一世紀の時を経て、夢の乙女の消滅をもちきたらしたのである。

イヴォンヌ・ド・ガレー

「日傘の白さに出会った、ある午後の思い出」

（**アラン＝フルニエ**）

アラン＝フルニエ『グラン・モーヌ』

一八六〇年代が終わると共に、西欧文学から夢の乙女は影をひそめてゆく。ラファエロ前派や象徴派の絵画に姿を見せることもあるが、それは例外にすぎない。そんななか、男性の想像力に乙女の姿が焼きつく事例を明かす作品が存在する。ここでもまた先行作品の影響が明らかだ。アラン＝フルニエ〔一八八六―一九一四〕は、私たちの視点からすれば、『グラン・モーヌ』〔一九一三〕の作者であるだけではない。彼は夢の乙女の支配下におかれた青年の完璧な例を表している。彼の伝記をみると、恋愛遊戯を楽しんだような様子はほとんどなく、無垢な存在としての夢の乙女のイメージが傷ついた気配もみられない。

彼の人生のエピソードは友人たちが詳しく語っている。アラン＝フルニエは純粋なものに夢中になる性格だったが――彼が書くものには純粋という言葉がよく使われていた――ある日、偶然に、一人の見知らぬ娘に出会った。彼女についてアラン＝フルニエはこう書いている。「これほど子供っぽく、これほど荘重なひとは見たことがなかった」。「彼女にはいつも純粋という言葉が似つかわしい［…］、彼女の身体も顔も一度も想像したことなどなかったが、どちらも純粋なのだ」。十七歳の少年にとっては――と、ピエール・ペジュ〔一九四六―。フランスの小説家、エッセイスト。リセなどで哲学を教える〕は書いている――愛する女性の、無邪気さに満ちた身体を想像してみるのを拒否するということは、とても無邪気であると同時に自制ということだろう。後にみられるグラン・モーヌとイヴォンヌ・ド・ガレーとの虚構の中の結婚は、最初の一目の出会いの「夢幻的なエロティシズム」に決して敵わないものなのだ。

アラン＝フルニエはその出会いをいつまでも覚えている。「この密かな出来事は」とジャック・リヴィエール〔一八八六―一九二五。フランスの編集者。*NRF* の編集に携わる。アラン＝フルニエの友人で、彼の妹と結婚した〕は書いている。「彼の人生の最大の出来事であり、それは、熱気と悲しみと恍惚の極致であった」と。「これ以外の恋愛があっても、それらはこの最初の恋とは全く別物であり、彼の魂のほかの部分にかかわることさえないだろう」「彼はいつも自分に会釈したあの完璧な乙女を見ていたのであり〔…〕、彼にとってはその乙女が人生と同じくらい不可能であるだけで十分だったのだ。彼女自身でさえも「リヴィエールは『グラン・モーヌ』のヒロインであるイヴォンヌ・ド・ガレーのことを指している」おそらく全き実在の女性ではなかったのだ。だからこそ彼女は彼にあれほど苦い思いをさせながら同時に彼をなぐさめていたのである」。ジャック・リヴィエールのこの証言は、何にもまして、その簡潔な表現とともに、私たちの主題の定義になっている。アラン＝フルニエは、夢想への傾向、絶対的なものへの愛、近づきがたいものに惹かれる傾向、幻滅の恐れ、これらすべてをもっている。彼は自分にとって夢とは何かを数語で定義している。「過去に見た幻影、希望、昔の夢想がよみがえって、消えつつある幻影と出会うこと、日傘の白さと、何かの想いの新鮮さに出会った、ある午後の思い出」。もっとも大切なのは感動であり、ある意味では幻想的なものなのである。

以上のすべてが、二十八歳で亡くなったこの男の恋の構造を説明している。それは、事の本質として、期待と、ある若い娘にむかって「あなたが来た」と言える希望とから成り立っている。これは、アラン＝フルニエ一人だけのものではない。それを納得するには、ジュール・ラフォルグ〔一八六〇―一八八七。フランスの象徴派詩人。代表作に『聖母なる月のまねび』〕を読むだけで十分で、彼もまた同じ欲求を抱えているのだ。『グラン・モーヌ』の作者が参照するものの一つに、ラファエロ前派の作品があり、彼は大きな憧れを感じていた。彼の心をとらえたのは、ダンテ・ガブリエル・ロセッティの描いたベアトリーチェである。ここでもまた私たちは、夢の乙女たちを一つに結ぶ系列を見出すことができる。彼はまたモーリス・ドニ〔一八七〇―一九四三。ナビ派の画家。宗教的な主題を描いた〕の作品をも高く評価していた。なぜなら純粋さに憑かれた彼の魂は、宗教性にも憑かれていたからである。生涯の終わりには、シャルル・ペギー〔一八七三―一九一四。思想的詩人。社会主義の作品があり、雑誌『半月手帳』を編集発行した。大戦で戦死〕から大きな影響をうける。さらにアラン＝フルニエは『キリストのまねび』の次の文章に心をうたれる。「私は純粋な心を求めている。それを私の休息の場にするために」。アラン＝フルニエにあって、宗教は「けがれないひと」を探し求めるように駆り立てた。

アラン＝フルニエは女性にたいする大きな欲求を抱いていたとジャック・リヴィエールは明かしている。ただし、「恋が成立するには、相手の女性に完璧な純粋さと無邪気さがあることが不可欠だった。身体の結合より前に魂の結合が必要だったのだ」。おそらく、白い日傘へのオブセッションはこれに由来するものであろう。彼が書いたものは『グラン・モーヌ』だけではない。ジャック・リヴィエールとの長い書簡があるし、そのほかに若いときの詩が残されている。そのなかで「夏のあいだに」と題された一篇を引く。この詩は、十九世紀の若者たちのあいだで――そればかりか大人になった男性のあいだでも――大流行した詩的体験を思い出させてくれる。

待たれていた［…］
あなたが来た、
並木道の暑い午後のこと、
白い日傘をさして。
驚いて、生真面目な様子で［…］
何という驚き
あなたが来るとは思いもかけず、金髪のあなたとは思いもかけず、
あなたは突然私の通り道に現れ、
突然運んできた、あなたの両手の爽やかさを
そして、あなたの髪とともに、世界のすべての夏を
あなたが来た
太陽のもとで私がみてきたどの夢も

あなたがこれほど美しいようにとは望んでいなかった

『グラン・モーヌ』をみてみよう。この詩にあるすべての感動がもりこまれている小説である。私たちがこの小説を論の最後に選んだのは、それが、何十年間もフランス人の想像力に残響を残したからである。ピエール・ペジュはこの本のオーラを説明する事項をいくつも数えあげている。長い間、この本を読み、それについて夢想し、その思い出を忘れずにいることは、フランス人であるというアイデンティティのしるしをそこに探知する喜びと結びついていた。すなわち、地方に根をはった生活、共和国の学校の強固な存在感、フランスの奥地の田園風景、家族の大切さ、そうして、このような背景のもとに、ある謎めいた存在、「かくも純粋なまなざしをして」、「消えてしまった美しい顔」をもつ小説中の娘の出現、といったものに結びついていたのである。

アラン＝フルニエの作品の中では、その人生におけるのと同様に、「すべてを言いつくす最初の一瞥」に敏感で、出会いの衝撃が本質をなしている。最後の結婚については何一つ感情を記していないのに対して、出会いという出来事がかきたてた感情の濃密さに読者は胸をうたれる。アラン＝フルニエの実経験に根差したこの出会いは、電撃の出会いであったのだ。作者は、グラン・モーヌの人生に立ち現れた夢の乙女について読者にさしだす肖像の密度の濃さによって読者を魅了する。

> 後になって、よくあったことだが、眠ろうとするとき、あの目立たない美しい顔をなんとかして思い出そうと絶望的な努力を重ねた後、夢に、彼女に似た娘たちが列をなして通ってゆくのを見るのだった。一人は彼女のような帽子をかぶり、別の一人は彼女のように少しうつむいていた。また別の一人は、彼女のような澄んだまなざしをして、また別の一人は彼女のようにすらりとして、また別の一人は青い眼をしていた。けれども誰ひとりとしてあの偉大な少女ではなかったのだ。

現実のなかでは、グラン・モーヌは、「重たげに豊かな金髪をして、少し丸顔だが、胸が痛むほど繊細な目鼻だちをした顔」と、「きわめてシンプルできわめて品の良い装い」を見つめるだけの時間があったのだ。もっと後に、彼はこの娘のあの「子供っぽくてしかも荘重なまなざし」に再会することになる。彼女は、彼を見ながら、「そっと青い眼を彼のほうにむけて、少し唇を噛むようにした」。「彼女は足がよく見える黒い靴を履いていた。あまりにも華奢なくるぶしをしているので、曲げるときなど、壊れてしまうのではと思うほどだった」。庭で出会ったときは、彼女もまた白い日傘をさしていた（**本書カバー**）。

グラン・モーヌの友人であり、物語の語り手である人物は、イヴォンヌ・ド・ガレー――というのもそれがこの「神秘的な少女」の名前だからだが――に村の食糧品店で出会った折に、いま引用したものとちがってはいないがもっと簡潔な肖像を描いている。「娘たちのなかでももっとも荘重で、女性のなかでももっとも華奢な女性」で、「繊細で品よく洗練された目鼻立ちの顔」をしていて、「ふさふさと重たげな金髪」をした娘だと。

イヴォンヌ・ド・ガレーは、純真で荘重であり、彼女の特質のいくつかは、この二十世紀初頭のディアーナのそれであり、私たちの夢の乙女たちの系列の最後に位置する。読者にはその一貫性がお分かりいただけたと思う。

むすび

私たちの系譜を形成している女性の姿は、繰り返しになるが、男性の恋の想像力を織りなすのに力を貸し、女性には身ごなしやふるまいのモデルを提供してきた。これら紙上の女性たちのなかで、パミラとグラッツィエッラの二人だけが、前者は男の支配に、後者は男の無頓着さに苦しんだ。ところが、社会生活の現実にあっては、ことに本書の見てきた長い時代の最後の頃は、女性はたいていこうしたふるまいの被害者であった。

それでもなお、二十世紀半ばに成し遂げられた人類学的変化以前、多くの男たちの夢は——しばしばヴィーナスになじむものもあったが——はかないとは言えないにしても、誇り高い美しさをたたえ、近づきがたく、たいていはとらえがたくて、そのうえ残酷でもある、あのディアーナの姿につきまとわれ続けてきた。

　彼女たちは、今や消え去ったのである。その昔、心を魅了したあの女たちのイメージは。残るのはただ、その名に確かに遺されているノスタルジックな存在のみ。ディアーナ、アリアドネ、ダフネ、イズー、ベアトリーチェ、ラウラ、ジュリエット、オフィーリア、シャルロッテ、ヴィルジニー、オーレリア、そして眠れる森の美女の、あのまぼろしの乙女の名。

訳者解説　「夢の女」、男の幻想

本書は次の著作の全訳である。Alain Corbin, *Les filles de rêve*, Fayard, 2014. 原題をそのまま訳せば「夢の女」となるが、故山田登世子が内容を汲んで『処女崇拝の系譜』とした。本書の主題と内容をよく示す適切な邦題だと思う。なお原著には「序」を除いて原注はないが、各章で言及されている作品の出典と引用頁は巻末の「参考文献」に記されている。文学作品からの引用については、既訳を参照しつつ新たに訳した。訳者の方々にはこの場を借りてお礼申しあげる。また本文中に明示してはいないが、人名や年代などの細部に関してコルバンの思い違いと思われる箇所は訂正しておいた。訳注は本文中に割注で示した。

コルバンの仕事のカテゴリー

「感性の歴史家」として知られるアラン・コルバンの仕事は、いくつかのカテゴリーに分類できる。

第一に**身体と性をめぐる歴史**で、コルバン自身はジェンダーという言葉をあまり使用しないが、ジェンダー史の視点をはらむ。『娼婦』と『快楽の歴史』が代表作で、彼が監修者のひとりを務めた『身体の歴史』や『男らしさの歴史』はその集大成になっている。

第二に**感覚と感性の歴史学**で、彼の独自性をよく示し、彼の名声にもっとも貢献している分野である。近代におけるにおいをめぐる知覚の革命を論じた『においの歴史』と、田園地帯における教会の鐘の機能を分析した『音の風景』、そして自然や、私生活領域や、社会空間における静けさと沈黙（フランス語ではどちらも silence）の様態を跡づけた『静寂の歴史』（邦訳藤原書店近刊）にその問題意識がよく表われている。

第三に愛、欲望、夢想、不安など人間の心の動きを研究する**感情や情動の歴史**がある。論文集『時間・欲望・恐怖』と『人喰いの村』、そしてコルバンが監修した『情動の歴史』（邦訳藤原書店近刊）がこの分野の仕事である。

第四に『浜辺の誕生』、『空と海』、『木陰の快さ』（邦訳藤原書店近刊）などに示されるような、**人間と自然の関わり**に焦点を据えた一連の研究がある。

そして最後に、いわゆる**ミクロストーリアの系譜に属する仕事**として、無名の一個人の足跡をとおして、近代フランスの田舎における人々の感性と世界観に分け入った著作がある。代表作は『記録を残さなかった男の歴史』であろう。

「夢の女」をめぐる考古学

本書は、一義的には第三のカテゴリーに属する研究として位置づけられるが、同時に第一の分野とも接点を有する。コルバンのいう「夢の女」とは、美、慎ましさ、やさしさ、美徳、純潔をすべて具えた女であり、男たち、とりわけ青年たちが理想化し、時として天使のような相貌を付与してしまう女のことである。彼女にはしばしば男を寄せつけないような凜とした佇まいが漂い、その身体は男の欲望から隔離されているかのように守られている。聖母マリアがそうだったと言われるように、永遠の処女性を保持している女——それが「夢の女」ということになる。

西洋の歴史において、そのような女はいつ頃、どこにいたのか？　現実には、生身の人間としてはどこにも存在しなかったが、男たちの想像力——あるいは妄想——のなかでは古代から常に存在してきた。不可視でありながら、あるいはまさに不可視だからこそ、歴史的に遍在してきたという根源的な逆説性をはらむのが「夢の女」である。想像力のなかに存在しながら不可視だという女をどのように捉え、論じればいいのか。コルバンが資料として選んだのは神話と、とりわけ文学作品であり、それらに着想を得た彫刻や絵画などの美術品である。文学を頻繁に援用するのは、十年ほど前からコルバンの著作に顕著に看取される傾向である。こうして古代神話に登場する月の女神アルテミス（ディアーナ）から、中世イタリアのダンテとペトラルカ、十七世紀のシェイクスピア、十八世紀のリチャードソンとゲーテ、十九世紀のシャトーブリアンとネルヴァルを経て、二十世紀のアラン＝フルニエまで、時代と国（したがって言語）の多様性に配慮しながら、一九人の「夢の女」たちの姿を描きだす。

そこから明らかになるのは、時代と場所と言語の違いを超えて、「夢の女」の相貌と霊性が驚くほどの一貫性を保ってきたという事実である。それは逆に、「夢の女」を描き続けてきた男たちの想像力と表象体系が長いあいだ不変だったということを意味する。女がまとう衣装や出会いの舞台装置は変化し、男女の心性や、生活様式や、環境は時代と共に変わってきたが、青年たちは「夢の女」をめぐって繰り返し類似したイメージを紡いできたということだ。

そこで語られ、描かれ、表象される女たちは青年たちの愛の理想を凝縮させた女たちであり、同時に、青年たちにまだ知らぬ愛のかたちを夢想させる女たちである。青年たちは自己抑制をみずからに課し、想いを寄せる女を身体的な存在ではなく、霊的な存在として認識する。「夢の女」が時として天使のような存在として崇拝の対象になるのは、そのためである。現代のわれわれから見れば、ずいぶんと時代錯誤的な話だと思う。それはコルバン自身よく承知しているところで、こうした「夢の女」という表象体系は、少なくともフランスでは二十世紀半ば以前に完全に消滅したことを認めている。取り上げられている最後の作品、アラン＝フルニエの『グラン・モーヌ』は一九一三年に刊行された小説である。本書はその意味で、今では消え去った感性と情動をめぐる考古学的な考察になっている。

本書でコルバンが詩と小説と戯曲をおもな分析対象にしているのは、文学的な表象が世紀から世紀へと、あるいは一つの国から別の国へと、時代的および地理的な境界線を越えて継承されていくからにほかならない。ダンテやペトラルカは神話に親しみ、十九世紀のロマン主義作家たちはシェイクスピアを耽読し、ネルヴァルの『オーレリア』はダンテに言及し、ラマルチーヌ作『グラツィエッラ』には登場人物が『ポールとヴィルジニー』を読む場面がある。そして近代以降は、学校教育をつうじて偉大な文学作品の精神と記憶がフランスの青年たちの脳裏に刻まれていく。西洋文化は「夢の女」の形象を創造し、時代ごとに少しずつ多様化させてきたのである。

ロマン主義の表象体系

それにしても、西洋の男たちはそれほどまでに「夢の女」に、純潔で無垢な娘たちに強い憧憬の念を抱いていたのだろうか。それほどまでに彼らはロマンティックな女性観に浸っていたというのだろうか。

コルバンが跡づける「夢の女」の系譜は、ギリシア・ローマ神話から始まる。純潔で、無垢で、男を魅惑すると同時に、男にとって近づきがたい女の祖型は月の女神、狩猟の女神であるディアーナ（アルテミス）である。同じく神話では、太陽神アポロンに追われて逃げまどい、最後は月桂樹に変身するダフネがそれに続く。一般に西洋の表象体系においては、女と植物、女と水が結びつきやすいことをコルバンは繰り返し示唆しているが、水や水辺は官能性やエロティシズムとの繋がりも深いことは、かつて哲学者ガストン・バシュラールも指摘したことがある。

このディアーナ的な「夢の女」の系譜と対比されるのが、同じく神話に祖型が見いだされるヴィーナス的な女たちということになる。ヴィーナス的な女、つまり官能的で、男たちを誘惑し、欲望の対象になり、快楽の主体になる女は本書の対象ではないが、それと比較することでディアーナ的な女の特徴がより明瞭に際立ってくる。

「夢の女」たちの運命は多様である。ディアーナや、ペトラルカ『カンツォニエーレ』のラウラは、美しさのなかにも毅然とした態度を持して、誇り高くふるまう。愛のエピソードを体験しながら、羞恥心ゆえにみずから快楽への欲望を口にすることはなく、やがて男に去られ、時には絶望に駆られて命が絶える「夢の女」は少なくない。古代アテネの王テセウスに棄てられるアリアドネ、ホメロス『オデュッセイア』に登場するナウシカ、シェイクスピア『ハムレット』のなかのオフィーリア、『グラツィエッラ』のヒロインがそれを証言している。逆に、ペトラルカのように、人妻である「夢の女」の近づきがたさゆえに男が苦しむこともあるし（とはいえ、その苦しみも喜びに変わりうるのだが）、極端な場合はゲーテ『若きウェルテルの悩み』のように、絶望のあまり男がみずから命を絶つこともある。

トリスタンとイズーの物語や、『ロメオとジュリエット』は、愛し合う男女が社会的な障壁ゆえにその愛を全うできず、誤解も作用して男女二人の死に至る。同じく女の死で終わるのはベルナルダン・ド・サン＝ピエール作『ポールとヴィルジニー』とシャトーブリアンの『アタラ』で、こちらは可憐な娘が羞恥心ゆえに、あるいは処女性の誓いを守るために死を受け入れる例になっている。他方で、稀とはいえ、「夢の女」が幸福な結末を迎えることもある。ペローの童話に登場する「眠れる森の美女」は百年間眠りつづけた後に、素敵な王子の愛で目覚めるし、リチャードソン作『パミラ』のヒロインは、横暴な主人の執拗な攻撃を巧みにかわした末に、彼の愛をかちえることに成功する。「淑徳の報い」という副題がこの幸福な結末を暗示していた。

「夢の女」の表象がもっとも体系化され、強い規範として機能したのは、フランスでは十九世紀前半のロマン主義時代である。十八世紀のルソーの影響下に、あらゆる意味での情熱や情念を崇高な価値に仕立て上げようとしたこの時代に、身体性を稀薄にされ、精神性を強調され、俗世の穢れを知らない女性が文学や絵画のなかに数多く登場するようになった。本書で『ポールとヴィルジニー』、シャトーブリアンの『アタラ』と『墓の彼方からの回想』、『グラツィエッラ』、そしてネルヴァルの『オーレリア』など、ロマン主義時代を代表する作が大きな位置を占めているのは偶然ではない。

たとえば『ポールとヴィルジニー』の有名な最後の場面。乗った船が座礁し、助かるためには衣服を脱ぎ捨てなければならないヴィルジニーは、岸辺にいる愛するポールの目に裸身をさらすことは受け入れられない。そのため、静かに目を天のほうに向けながら荒波に呑み込まれていく。恥じらいと、慎ましさと、美徳を優先して、あえて死を選んだのである。そのとき作者ベルナルダンは、ヴィルジニーが「天にむかって飛んで行こうとする天使のように見えた」と書き記す。無垢で純真な娘たちを描く十九世紀の宗教的イメージ体系は、この天使の比喩をしばしば援用することになるだろう。そこでは、女性が眼差しを天に向けるという身ぶりが宗教的救済の寓意として読み取られていく。

シャトーブリアンのヒロイン、アタラもまた、処女性を喪失することよりも死を選ぶ。愛する男と結ばれるまでは純潔でいるという誓いを母親に立てた彼女は、その誓いを破るよりも毒を仰いでみずからの命を絶ってしまう。死んだアタラは恋人のシャクタスの目に、「眠れる純潔（＝処女性）の像」のように映る。天使性と純潔性と無垢は「夢の女」に欠かせない属性として、そしてそこにネルヴァルのオーレリアに見られる神秘性と夢幻性が加わって、その後の十九世紀ブルジョワ社会の想像世界を貫流していくことになるのだ。絵画の世界で言えば、イギリスのラファエロ前派や、フランスの象徴派絵画がそのもっとも鮮やかな例である。

興味深いのは、『墓の彼方からの回想』で語られている幻想的なシルフィードの挿話と、『オーレリア』に描かれている夢幻的な女の表象が、当時の精神医学的な症例の記述と類似しているという指摘である。実際十九世紀は、夢や幻想や狂気をめぐって精神医学が大きな発展をみた時代であり、パリはその中心地のひとつだった。ネルヴァルにいたっては、精神疾患の徴候を示し、高名な医師ブランシュの治療を受けていたことが知られている。この時代、「夢の女」は作家の想像力と病理的な幻覚が遭遇するところにも出現したということである。

フランス近代の感性の歴史に通暁するコルバンは、このような特異な女性表象をまずロマン主義時代の文学と絵画に見いだした。そしてその文化的起源を探求する過程で古代の神話にまで遡及し、中世から近代初期まで「夢の女」のイメージが貫通し、執拗な通奏低音として鳴り響いてきたことを検証したのである。ロマン主義の女性像の特徴を考察したことによって、長い歴史に通底するひとつの文化的な祖型あるいは神話をコルバンは発見したのである。

ではロマン主義時代、ひいては十九世紀の文化と表象体系において、女性と言えば常に「夢の女」が想起されたのかと言えば、事はそれほど単純ではない。想像力のなかに深く根差したひとつの表象は、しばしばその対蹠点に位置する別の表象との鋭いコントラストにおいて意味を露呈するものだ。「夢の女」も例外ではない。十九世紀ブルジョワ階級の男たちにとって（作家と芸術家の大部分はブルジョワ階級に帰属する）、単純化すれば女は二種類に分けられる。しかるべき教育を受け、貞節と清純さを内面化し、無垢のまま妻となる女性か、男の欲望に惜しげもなく身体をゆだね、ときには男を誘惑する女性か。要するに天使か、娼婦か。

現代のわれわれならば、あまりに無邪気な二分法と考えるが、当時のブルジョワ社会の道徳においては結婚前の娘の処女性が重んじられていた。良家の娘たちが結婚前に男たちと交際するという慣習はなかったし、上流社会ほど結婚は親同士が両家の社会的、経済的釣り合いを考慮しながら決めたのであり、当事者の意向が考慮される余地はほとんどなかった。娘の処女性は、ブルジョワジーの結婚戦略にとってたいせつな切り札のひとつだったのである（他方、農民や都市労働者のあいだでは事情が異なる）。ブルジョワの青年たちは、抑えがたい欲望を満たすために娼家に通い、娼婦が彼らに性の手ほどきをした。あるいは一家に雇われている若い女中が、青年の性的戯れの相手になった。フランス語で **amour ancillaire**（女中との情事）と呼ばれる現象である。娼婦や女中との性的関係は、良家の娘の純潔と処女性を守るための必要悪、ひいては家族制度を維持するための必要悪と認識されていたということである。セクシュアリティをめぐるこうした二重基準が存在したからこそ、そしてそれがブルジョワ青年たちのあいだに広く浸透していたからこそ、ロマン主義的な「夢の女」はひとつの神話になった。コルバンはその神話が十九世紀に固有のものではなく、構図を変えながら古代から存在してきたことを示そうとしたのである。

「若い女」の神秘性

主題として「夢の女」と類縁性をもち、同じく十九世紀から二十世紀初頭の文学や絵画においてしばしば表象され、しかしながら異なる位相をまとう女性のカテゴリーがある。「若い女 jeune fille」というカテゴリーである。本書でコルバンが直接論じているテーマではないが、「夢の女」の形象を補う側面があるので簡単に触れておこう。

年齢的には主として十代、せいぜい二十代前半までで、未婚の女性を指す。身体的にも精神的にも少女から女へと大きく変貌していく時期の女性たちである。「夢の女」においては、女性として成熟していく過程は一種のタブーであり、彼女に恋慕する青年たちにとって女の成熟は存在しない。思春期の、無垢で純潔な状態に留まり続けるのが理想的な「夢の女」である。他方「若い女」はいずれ成熟するし、その予兆としてすでに男たちを惑わす、あるいは男たちの心を乱す何かを具えている。実際は単純で、素直で、無邪気なだけかもしれないのだが、彼女を見つめる男たちが謎めいた魅惑、生まれつつある成熟と官能性を過剰なまでに読み取ってしまうのである。

こうした「若い女」の文学的、絵画的表象は、十九世紀後半になってから明瞭な輪郭を示すようになる。モーパッサンは、一八八四年四月二十七日、『ゴーロワ』紙に寄せたずばり「若い女」と題された記事で、その神秘性を問いかけている。きっかけは同年にゾラの『生きる歓び』と、エドモン・ド・ゴンクールの『シェリ』が出版されたことだった。どちらも思春期の少女の成長、悩み、心理的・感情的な困惑を語った小説である。モーパッサンは児童文学を除けばこれまでの文学において、この「若い女」(あるいは少女)が作品の前面に出てきて大きく注目されることはなかったことに驚く。もっともこれはモーパッサンの戦略であり、スタンダールの『赤と黒』(一八三〇)のマチルド、バルザックの『ウジェニー・グランデ』(一八三三)の女主人公、ユゴーの『レ・ミゼラブル』(一八六二)に登場するコゼットなどをおそらく意図的に等閑視している。一八八〇年代の新しさは、モーパッサン自身を含めて、作家たちが「若い女」あるいは少女の謎めいた相貌に当惑しているということなのだ。

そもそも「若い女」はみずからをよく知らない。しかし結婚して、快楽を知り、官能を開花させる頃には劇的に変貌する。その変貌はことのほか速く、その速度が入念な文学的表象を困難にするとモーッパサンは指摘する。したがって緻密な観察や分析――それが近代文学の技法である――をつうじて人間性を捉え、男女と恋愛の習俗を描くリアリズム小説の美学にとって、「若い女」は扱いが難しい対象である。それに対して彼女が成熟し、恋愛し、結婚してひとりの女になってしまえば、文学者にとっては分析することが容易になる。もはや子供ではないが、さりとて成熟した女でもない「若い女」は、その中間領域として、不透明で、神秘的で、謎めいた存在に映ったのである。

こうした神秘性、おそらくは実体の稀薄な神秘性を付与された「若い女」は、二十世紀になればプルーストの作品に登場する「花咲く乙女たち」として開花することになるだろう。あるいは現代のわれわれには、むしろナボコフの『ロリータ』（一九五八）が想起されるところだろうか。「ロリコン」の語源となったこの隠微で周到な作品は、中年男が十二歳の娘に惚れ込み、翻弄される物語である。もっとも、あどけなく無邪気に見えたロリータが、じつは男を手玉にとる宿命の女としての相貌を最後に露呈するのだが。

本書でコルバンが利用したコーパスは神話と文学作品だが、十九世紀に関して言えば、日記、手紙、回想録といった自己を語るエクリチュールも、女性をめぐるこのような分裂した表象を明らかにしてくれる。それは本書とほぼ同時期にコルバンの監修で刊行された『男らしさの歴史』第二巻で、彼がブルジョワ男性における男らしさの価値観と、性的パフォーマンスの結びつきを論じたページで言及していることだ。スタンダール、ヴィニー、メリメ、ミュッセ、ミシュレ、フロベールらの書簡集や日記を読むと、彼らはみな女性の身体への欲望を語り、肌の暖かさへの郷愁を告白し、娼婦や、旅先で遭遇した女や、愛人たちとの性交渉をあからさまに記録し、自分の性的パフォーマンスをおそらくは多少の誇張を交えて自慢している。それが当時の男らしさを構成する規範の一部だったからである。その一方では、純潔で、貞淑で、無垢な女性、触れえない天使のような女性、つまり「夢の女」への崇拝と憧憬を口にする。天使のような女性が官能的な女に変貌してしまえば、たとえば『悪の華』の詩人ボードレールがそうだったように、苦い失望を味わうのである。

コルバンは初期の『においの歴史』や『娼婦』の頃から、文学作品や自己を語るエクリチュールを頻繁に引用してきた。その引用の文脈が興味深く、したがって彼の著作は文学研究者にとっても教えられるところが多い。その傾向は、この数年来刊行されてきた彼の著作においていっそう顕著になってきている。樹木や森と人間の関わりをたどった『木陰の快さ』(二〇一三)、その姉妹編とも言うべき、草と植物にたいする感性の布置を跡づけた『草地の爽やかさ』（二〇一八、邦訳藤原書店近刊）、そしてさまざまな感情のかたちと変遷を論じたコルバン監修の大著『情動の歴史』（全三巻、二〇一六―一七）などがいずれもそうである。

本書のテーマに関連する文献資料として欠けているものがあるとすれば、女性作家が書いた作品だろう。コルバンは女性に向けられた男性の眼差しと幻想を分析しようとしたのだから、男性作家が書いたテキスト、つまり男性が女性について語る言説を特権化したのは正当な身ぶりである。そこには作者の想像力を介して、女性をめぐる男性たちの表象体系あるいは妄想が鮮やかに露呈するからだ。だが近代であれば、女性作家が書いた作品でも、男性が女性を見つめ、男性の眼差しが女性の身体と感情を対象化することは稀ではない。女性作家（たとえば十九世紀のジョルジュ・サンドや二十世紀のコレット）のエクリチュールにおいても、男性は「夢の女」を幻視し続けるのか、それともそのような幻想は払拭されているのか――その問題は考察に値するだろう。歴史学や文学研究においてもジェンダー論の視座が流布している今日、そうした考察は無益ではないと思う。なお、西洋文明圏における処女性の問題を、イギリスとアメリカに焦点を当てて医学的、宗教的、文学的そして政治的に論じたアンケ・ベルナウ『処女の文化史』（夏目幸子訳、新潮選書、二〇〇八年）という好著があることを言い添えておく。コルバンの本書を補完してくれる側面がある。

本書は、故山田登世子の翻訳の仕事としては最後のものである。原稿を藤原良雄氏に手渡したのは逝去する二日前だったと仄聞する。山田はすでにコルバンの『においの歴史』の訳者であり、訳文には独特の調子がある。とはいえ本書について言えば、おそらく本人が十分に納得していた完成原稿ではなかったと思われるし、校正刷りを見ることも叶わなかった。そこで代わって小倉が校正刷りに目を通し、若干の加筆訂正を施し、訳注を追加した。同じ理由から、解説も小倉が執筆することになった。いずれにしても、全体としてこれが山田登世子の訳業であることを最後に強調しておきたい。

編集を担当して下さったのは、藤原書店の刈屋琢氏である。原稿の整理などの面でご苦労なさったと思う。深く感謝する次第である。

小倉孝誠

二〇一八年五月

Gallimard, 1979, citations p. 63, 64, 65, 83-84, 100-103, 111, 118, 131-132, 140, 157, 161-163, 168, 182 et 183.（ラマルチーヌ『若き日の夢　グラツィエッラ』桜井成夫訳、角川書店、1957 年）

オーレリア

Gérard de Nerval, *Aurélia,* introduction et notes de Michel Brix, Paris, Le Livre de Poche, 1999, citations p. 19, 20, 21, 31, 35, 39, 46, 39, 46, 60, 82, 84 et 85.（ジェラール・ド・ネルヴァル「オーレリア」田村毅訳、『ネルヴァル全集 VI　夢と狂気』所収、筑摩書房、2003 年）

Jacqueline Carroy, *Nuits savantes. Une histoire des rêves (1800-1945)*, Paris, Éd. de l'EHESS, 2012, p. 277.

クリュティア

Charles-Marie Leconte de Lisle, *Poèmes antiques*, éd. par Claudine Gothot-Mersch, Paris, Gallimard, 1994, p. 148-151.

イヴォンヌ・ド・ガレー

Alain-Fournier, *Le Grand Meaulnes*, suivi de *Alain-Fournier* de Jacques Rivière, préface de Pierre Péju, Paris, Gallimard, 2009. Citations du *Grand Meaulnes* p. 107, 108, 110 et 216; citations de Jacques Rivière p. 353, 362, 399, 400, 343, 347 (texte du poème cité) et 366; citations de Pierre Péju p. 12, 15, 9 et 12.（アラン＝フルニエ『グラン・モーヌ』天沢退二郎訳、岩波文庫、1998 年）

l'abbé Prévost, Paris, A. G. Nizet, 1977, citations p. 96, 97, 282, 287, 295, 49, 61, 112, 113, 286, 343, 376 et 377.（サミュエル・リチャードソン『パミラ、あるいは淑徳の報い』原田範行訳、「英国十八世紀文学叢書」第一巻、研究社、2011 年）

Denis Diderot, *Éloge de Richardson* [1761], *in Œuvres*, Paris, Gallimard, « La Pléiade », 1951, citations p. 1091, 1093, 1099 et 1104.

シャルロッテ

Johann Wolfgang von Goethe, *Les Souffrances du jeune Werther*, trad. par Bernard Groethuysen, Pierre Du Colombier et Blaise Briod, *Romans*, Paris, Gallimard, « La Pléiade », 1954, citations p. 31, 35, 50, 51, 52, 72, 96, 111, 113 et 114.（ゲーテ『若きウェルテルの悩み』高橋義孝訳、新潮文庫、1951 年）

ヴィルジニー、アタラ

Bernardin de Saint-Pierre, *Paul et Virginie*, éd. de Jean Ehrard, Paris, Gallimard, 1984, citations p. 122-123, 142, 156, 224, 225 et 241.（ベルナルダン・ド・サン=ピエール『ポールとヴィルジニー』鈴木雅生訳、光文社古典新訳文庫、2014 年）

François-René de Chateaubriand, *Atala, René...*, Paris, Gallimard, 1971, citation p. 119-120.（シャトーブリアン『アタラ・ルネ』畠中敏郎訳、岩波文庫、1938 年）

シルフィード

François-René de Chateaubriand, *Mémoires d'outre-tombe*, Paris, Garnier, 1989, citations livre III, p. 141, 142, 142, 143, 144, 146, 147, 146, 147, 150.（シャトーブリアン『墓の彼方の回想』真下弘明訳、勁草出版サービスセンター、1983 年）

Alain Corbin, « Écriture de soi sur ordonnance. Étude d'un cas du professeur Lallemand », *Des expériences intérieures pour quelles modernités?,* Paris, Éd. Cécile Defaut, 2012.

グラツィエッラ

Alphonse de Lamartine, *Graziella*, éd. de Jean-Michel Gardair, Paris,

ドゥルシネア

Miguel de Cervantès, *L'Ingénieux Hidalgo de la Manche*, trad. d'Aline Schulman, Paris, Le Seuil, 1997, citations vol. I, p. 274, 275, 277, 276, 269, 343, 271, et vol. II, p. 81.（セルバンテス『新訳 ドン・キホーテ』前篇・後篇、牛島信明訳、岩波書店、1999年）

ジュリエット

William Shakespeare, *Roméo et Juliette*, trad. de Pierre-Jean Jouve et Georges Pitoëff, *Théâtre complet*, Paris, Gallimard, « La Pléiade », vol. I, 1950, acte I, scène II; acte II, scène II; acte III, scène V; acte V, scène III.（シェイクスピア『ロミオとジュリエット』小田島雄志訳、『シェイクスピア全集』第11巻、白水Uブックス、1983年）

オフィーリア

William Shakespeare, *Hamlet,* trad. d'André Gide, *Théâtre complet*, Paris, Gallimard, « La Pléiade », vol. II, 1959, acte I, scène III; acte II, scènes I et 2; acte III, scène I; acte IV, scènes V et VII; acte V, scène I.（シェイクスピア『ハムレット』小田島雄志訳、『シェイクスピア全集』第23巻、白水Uブックス、1983年）

La belle contribution de Jean-Roger Soubiran, « Ophélie, une image problématique de la noyade dans la peinture française, du romantisme au symbolisme », *in* Frédéric Chauvaud (dir.), *Corps submergés, corps engloutis, une histoire des noyés et de la noyade de l'Antiquité à nos jours*, Paris, Créaphis, 2007, p. 149-164.

眠れる森の美女

Charles Perrault, *Cendrillon, Barbe bleue et autres contes*, Paris, Hachette, 2002, illustrations de Gustave Doré, p. 137 et 142.（『眠れる森の美女　シャルル・ペロー童話集』村松潔訳、新潮文庫、2016年）

Yvonne Verdier, « Chemins dans la forêt. Les contes », n° spécial « Société et forêts », *La revue forestière française*, 1980, p. 344-353, ici p. 349.

パミラ

Samuel Richardson, *Pamela ou la Vertu récompensée*, traduit et préfacé par

て――エロスとアガペ』上・下、鈴木健郎・川村克己訳、平凡社ライブラリー、1993年）
Béroul, *Le Roman de Tristan*, trad. en français moderne par Pierre Jonin, Paris, H. Champion, 1999, citations p. 128 et 163.
Stoyan Atanassov, « Arbres complices dans les récits de Tristan et Iseut », *in* Valérie Faseur, Danièle James-Raoul et Jean-René Valette (dir.), *L'Arbre au Moyen Âge*, Paris, PUPS, 2010, p. 105-127.

ベアトリーチェ

Dante, *Vita Nova*, nouvelle traduction de Mehdi Belhajkacem et commentaires de Jean-Pierre Ferrini, Paris, L'arbalète/Gallimard, 2007, citations p. 12, 13, 14, 15, 29, 40, 41, 43, 54, 61, 62, 85, 97, 103, 117, 126 et 137.（ダンテ『新生　詩集』中山昌樹訳、『ダンテ全集』第四巻、日本図書センター、1995年）
Dante, *La Divine Comédie*, traduction et présentation de Jacqueline Risset, Paris, Flammarion, vol. II, « Le Purgatoire », 1988, vol. III, « Le Paradis », 1990, citations, dans la présentation de J. Risset, p. 9, 13, 15, 16; dans le texte de Dante, vol. III « Le Paradis », p. 25, 31, 53, 101, 141, 171, 199, 269 et 281.（ダンテ『神曲』平川祐弘訳、河出書房新社、1992年）

ラウラ

Pétrarque, *Canzoniere, op. cit.*, dans la préface de Jean-Michel Gardair (p. 7-22), p. 9, 12, 14, 19, 21; dans le texte de Pétrarque, successivement cités CLXV, p. 146; CLX, p. 143; C, p. 93; CLXXVI, p. 151; XCVI, p. 96; CXXVII, p. 119; CXCVI, p. 16; LXXV, p. 85; XXXVII, p. 54; XXX, p. 49; LXXII, p. 80-81; LXXIII, p. 83; CLXIX, p. 148; CXVII, p. 35; CCXV, p. 174; CCXXVIII, p. 182; CXXXVIII, p. 188; CCXXXIX, p. 189; CXII, p. 106; LXX, p. 77; LXVI, p. 74; CLXXXIII, p. 155; CLXXIII, p. 150; CXIX, p. 110; CCXCI, p. 223 et CXXX, p. 125.（ペトラルカ『カンツォニエーレ　俗事詩片』池田廉訳、名古屋大学出版会、1992年）

参考文献

ディアーナ

Robert Harrison, *Forêts. Essai sur l'imaginaire occidental*, Paris, Flammarion, 1992, « La déesse vierge », notamment, p. 49.

Pétrarque, *Canzoniere*, préface de Jean-Michel Gardair, Paris, Gallimard, 1983, XXIII, p. 42.（ペトラルカ『カンツォニエーレ　俗事詩片』池田廉訳、名古屋大学出版会、1992 年）

Gérard de Nerval, *Les Filles du feu, Les Chimères...*, présenté par Michel Brix, Paris, Le Livre de Poche, 1999, « Artémis », p. 368-369.（ジェラアル・ド・ネルヴァル『火の娘』中村真一郎訳、新潮文庫、1951 年）

ダフネ

Ovide, *Métamorphoses*, éd. de Jean-Pierre Néraudau, Paris, Gallimard, 1992, p. 58-62.（オウィディウス『変身物語』上・下、中村善也訳、岩波文庫、1981 年）

Pierre Schneider, « Matisse et Daphné », *Matisse et l'arbre*, Paris, Hazan, 2003, p. 148-187.

アリアドネ

Racine, *Phèdre*, acte I, scène III, vers 253-254.（ラシーヌ『フェードル　アンドロマック』渡辺守章訳、岩波文庫、1993 年）

ナウシカ

Homère, *Odyssée*, Paris, Librairie générale française/Le Livre de Poche, 1996, chant VI, p. 192 *sq.*（ホメロス『オデュッセイア』上・下、松平千秋訳、岩波文庫、1994 年）

イズー

Denis de Rougemont, *L'Amour en Occident*, Paris, Plon, 1972, citations p. 46, 47, 55, 163, 300 et 308.（ドニ・ド・ルージュモン『愛につい

著者紹介

アラン・コルバン（Alain Corbin）

1936年フランス・オルヌ県生。カーン大学卒業後、歴史の教授資格取得（1959年）。リモージュのリセで教えた後、トゥールのフランソワ・ラブレー大学教授として現代史を担当（1972-1986）。1987年よりパリ第1大学（パンテオン=ソルボンヌ）教授として、モーリス・アギュロンの跡を継いで19世紀史の講座を担当。現在は同大学名誉教授。

“感性の歴史家”としてフランスのみならず西欧世界の中で知られており、近年は『身体の歴史』（全3巻、2005年、邦訳2010年）や『男らしさの歴史』（全3巻、2011年、邦訳2016-17年）の監修者も務め、多くの後続世代の歴史学者たちをまとめる存在としても活躍している。

著書に『娼婦』（1978年、邦訳1991年、新版2010年）『においの歴史』（1982年、邦訳1990年）『浜辺の誕生』（1988年、邦訳1992年）『音の風景』（1994年、邦訳1997年）『記録を残さなかった男の歴史』（1998年、邦訳1999年）『快楽の歴史』（2008年、邦訳2011年）など。監修した『身体の歴史』のうち『II　19世紀　フランス革命から第1次世界大戦まで』を、同じく『男らしさの歴史』のうち『II　男らしさの勝利　19世紀』を編集。（邦訳はいずれも藤原書店）

訳者紹介

山田登世子（やまだ・とよこ）
1946年生。愛知淑徳大学名誉教授。専門はフランス文学。
主な著書に、『メディア都市パリ』『モードの帝国』（ちくま学芸文庫）、『声の銀河系』（河出書房新社）、『リゾート世紀末』（筑摩書房）、『晶子とシャネル』（勁草書房）、『ブランドの条件』『贅沢の条件』（共に岩波書店）、『誰も知らない印象派』（左右社）、『「フランスかぶれ」の誕生』（藤原書店）など。また訳書に、バルザック『風俗のパトロジー』（新評論、後に『風俗研究』として藤原書店）『従妹ベット』上下巻（藤原書店）、モラン『シャネル――人生を語る』（中央公論新社）、『モーパッサン短編集』（ちくま文庫）、『ロラン・バルト モード論集』（ちくま学芸文庫）など。〈バルザック「人間喜劇」セレクション〉（全13巻・別巻2）の責任編集を務める。2016年死去。

小倉孝誠（おぐら・こうせい）
1956年生。慶應義塾大学教授。専門は近代フランスの文学と文化史。1987年、パリ第4大学文学博士。1988年、東京大学大学院博士課程中退。著書に『身体の文化史』『愛の情景』『写真家ナダール』（中央公論新社）、『犯罪者の自伝を読む』（平凡社）、『革命と反動の図像学』『ゾラと近代フランス』（白水社）、『恋するフランス文学』（慶應義塾大学出版会）など。また訳書に、コルバン『時間・欲望・恐怖』（共訳）『感性の歴史』（編訳）『音の風景』『風景と人間』『空と海』（以上藤原書店）、フローベール『紋切型辞典』（岩波文庫）など、監訳書に、コルバン他監修『身体の歴史』（全3巻、日本翻訳出版文化賞受賞）『男らしさの歴史』（全3巻、共に藤原書店）がある。

処女崇拝《しょじょすうはい》の系譜《けいふ》

2018年7月10日　初版第1刷発行©

訳　者　山田登世子
　　　　小倉孝誠
発行者　藤原良雄
発行所　株式会社 藤原書店

〒162-0041　東京都新宿区早稲田鶴巻町523
電　話　03（5272）0301
FAX　03（5272）0450
振　替　00160-4-17013
info@fujiwara-shoten.co.jp

印刷・製本　精文堂印刷

落丁本・乱丁本はお取替えいたします
定価はカバーに表示してあります

Printed in Japan
ISBN978-4-86578-177-9

感性の歴史という新領野を拓いた新しい歴史家

アラン・コルバン（1936-）

「においの歴史」「娼婦の歴史」など、従来の歴史学では考えられなかった対象をみいだして打ち立てられた「感性の歴史学」。そして、一切の記録を残さなかった人間の歴史を書くことはできるのかという、逆説的な歴史記述への挑戦をとおして、既存の歴史学に対して根本的な問題提起をなす、全く新しい歴史家。

「嗅覚革命」を活写

においの歴史
〔嗅覚と社会的想像力〕

A・コルバン
山田登世子・鹿島茂訳

アナール派を代表して「感性の歴史学」という新領野を拓く。悪臭を嫌悪し、芳香を愛でるという現代人に自明の感受性が、いつ、どこで誕生したのか？　十八世紀西欧の歴史の中の「嗅覚革命」を辿り、公衆衛生学の誕生と悪臭退治の起源を浮き彫る名著。

A5上製　四〇〇頁　**四九〇〇円**
（一九九〇年一二月刊）◇978-4-938661-16-8

LE MIASME ET LA JONQUILLE　Alain CORBIN

浜辺リゾートの誕生

浜辺の誕生
〔海と人間の系譜学〕

A・コルバン
福井和美訳

長らく恐怖と嫌悪の対象であった浜辺を、近代人がリゾートとして悦楽の場としてゆく過程を抉り出す。海と空と陸の狭間、自然の諸力のせめぎあう場、「浜辺」は人間の歴史に何をもたらしたのか？

A5上製　七六〇頁　**八六〇〇円**
（一九九二年一二月刊）◇978-4-938661-61-8

LE TERRITOIRE DU VIDE　Alain CORBIN

近代的感性とは何か

時間・欲望・恐怖
〔歴史学と感覚の人類学〕

A・コルバン
小倉孝誠・野村正人・小倉和子訳

女と男が織りなす近代社会の「近代性」の誕生を日常生活の様々な面に光をあて、鮮やかに描きだす。語られていない、語りえぬ歴史に挑む。〈来日セミナー〉「歴史・社会的表象・文学」収録（山田登世子、北山晴一他）。

四六上製　三九二頁　**四一〇〇円**
（一九九三年七月刊）◇978-4-938661-77-9

LE TEMPS, LE DÉSIR ET L'HORREUR　Alain CORBIN

「群衆の暴力」に迫る

人喰いの村

A・コルバン
石井洋二郎・石井啓子訳

十九世紀フランスの片田舎。定期市の群衆に突然とらえられた一人の青年貴族が二時間にわたる拷問を受けたあげく、村の広場で火あぶりにされた…。感性の歴史家がこの「人喰いの村」の事件を「集合的感性の変遷」という主題をたてて精密に読みとく異色作。

四六上製　二七二頁　二八〇〇円
（一九九七年五月刊）
◇978-4-89434-069-5
LE VILLAGE DES CANNIBALES
Alain CORBIN

世界初の成果

感性の歴史

L・フェーヴル、G・デュビイ、A・コルバン
小倉孝誠編
大久保康明・小倉孝誠・坂口哲啓訳

アナール派の三巨人が「感性の歴史」の方法と対象を示す、世界初の成果。「歴史学と心理学」「感性と歴史」「社会史と心性史」「感性の歴史の系譜」「魔術」「恐怖」「死」「電気と文化」「涙」「恋愛と文学」等。

四六上製　三三六頁　三六〇〇円
（一九九七年六月刊）
◇978-4-89434-070-1

音と人間社会の歴史

音の風景

A・コルバン
小倉孝誠訳

鐘の音が形づくる聴覚空間と共同体のアイデンティティーを描く、初の音と人間社会の歴史。十九世紀の一万件にものぼる「鐘をめぐる事件」の史料から、今や失われてしまった感性の文化を見事に浮き彫りにした大作。

Ａ５上製　四六四頁　七二〇〇円
（一九九七年九月刊）
◇978-4-89434-075-6
LES CLOCHES DE LA TERRE
Alain CORBIN

「社会史」への挑戦状

記録を残さなかった男の歴史

（ある木靴職人の世界1798-1876）

A・コルバン
渡辺響子訳

一切の痕跡を残さず死んでいった普通の人に個人性は与えられるか。古い戸籍の中から無作為に選ばれた、記録を残さなかった男の人生と、彼を取り巻く十九世紀フランス農村の日常生活世界を現代に甦らせた、歴史叙述の革命。

四六上製　四三二頁　三六〇〇円
（一九九九年九月刊）
◇978-4-89434-148-7
LE MONDE RETROUVÉ DE LOUIS-FRANÇOIS PINAGOT
Alain CORBIN

コルバンが全てを語りおろす

感性の歴史家 アラン・コルバン

A・コルバン
小倉和子訳

飛翔する想像力と徹底した史料批判の心をあわせもつコルバンが、「感性の歴史」を切り拓いてきたその足跡を、『娼婦』『においの歴史』から『記録を残さなかった男の歴史』までの成立秘話を交え、初めて語りおろす。

四六上製　三〇四頁　二八〇〇円
（二〇〇一年一一月刊）
◇978-4-89434-259-0

HISTORIEN DU SENSIBLE　Alain CORBIN

「感性の歴史家」の新領野

風景と人間

A・コルバン
小倉孝誠訳

歴史の中で変容する「風景」を発見する初の風景の歴史学。詩や絵画などの美的判断、気象・風土・地理・季節の解釈、自然保護という価値観、移動速度や旅行の流行様式の影響などの視点から「風景のなかの人間」を検証。

四六変上製　二〇〇頁　二二〇〇円
（二〇〇二年六月刊）
◇978-4-89434-289-7

L'HOMME DANS LE PAYSAGE　Alain CORBIN

五感を対象とする稀有な歴史家の最新作

空と海

A・コルバン
小倉孝誠訳

「歴史の対象を発見することは、詩的な手法に属する」。十八世紀末から西欧で、人々の天候の感じ取り方に変化が生じ、浜辺への欲望が高まりを見せたのは偶然ではない。現代に続くこれら風景の変化は、視覚だけでなく聴覚、嗅覚、触覚など、人々の身体と欲望そのものの変化と密接に連動していた。

四六変上製　二〇八頁　二二〇〇円
（二〇〇七年二月刊）
◇978-4-89434-560-7

LE CIEL ET LA MER　Alain CORBIN

現代人と「時間」の関わりを論じた名著

レジャーの誕生〈新版〉㊤㊦

A・コルバン
渡辺響子訳

仕事のための力を再創造する自由時間から、「レジャー」の時間への移行過程を丹念に跡づける大作。

A５並製　㊤二七二頁　㊦三〇四頁　口絵八頁　各二八〇〇円
（二〇〇〇年七月／二〇一〇年一〇月刊）
㊤◇978-4-89434-766-3
㊦◇978-4-89434-767-0

L'AVÈNEMENT DES LOISIRS(1850-1960)　Alain CORBIN

〈売春の社会史〉の傑作

娼婦 〈新版〉㊤㊦

A・コルバン
杉村和子監訳
山田登世子＝解説

アナール派初の、そして世界初の社会史と呼べる売春の歴史学。「世界最古の職業」と「性の欲望」が歴史の中で変容する様を鮮やかに描き出す大作。

A5並製 ㊤三〇四頁 ㊦三五二頁 口絵一六頁 各三二〇〇円
（一九九一年二月／二〇一〇年一一月刊）
㊤◇978-4-89434-768-7
㊦◇978-4-89434-769-4
LES FILLES DE NOCE Alain CORBIN

啓蒙の世紀から性科学の誕生まで

快楽の歴史

A・コルバン
尾河直哉訳

フロイト、フーコーの「性（セクシュアリテ）」概念に囚われずに、性科学が誕生する以前の言語空間の中で、医学・宗教・ポルノ文学の史料を丹念に読み解き、当時の性的快楽のありようと変遷を甦らせる、「感性の歴史家」アラン・コルバン初の〝性〟の歴史、完訳決定版！

A5上製 六〇八頁 口絵八頁 六八〇〇円
（二〇一一年一〇月刊）
◇978-4-89434-824-0
L'HARMONIE DES PLAISIRS Alain CORBIN

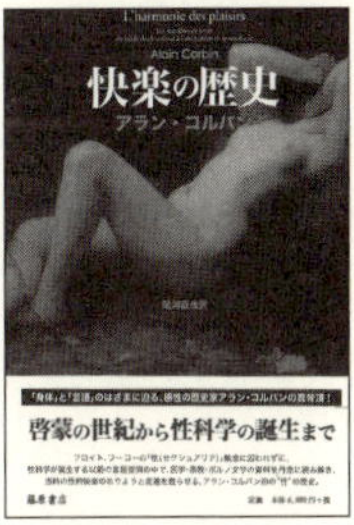

歴史家コルバンが初めて子どもに語る歴史物語

英雄はいかに作られてきたか

（フランスの歴史から見る）

A・コルバン
小倉孝誠監訳
梅澤礼・小池美穂訳

〝感性の歴史家〟アラン・コルバンが、フランスの古代から現代にいたる三三人の歴史的人物について、どのようにして英雄や偉人と見なされるようになり、そのイメージが時代によってどう変遷したかを論じる。

四六変上製 二五六頁 二二〇〇円
（二〇一四年三月刊）
◇978-4-89434-957-5
LES HÉROS DE L'HISTOIRE DE FRANCE EXPLIQUÉS À MON FILS Alain CORBIN

資料のない歴史を書くことができるのか？

知識欲の誕生

（ある小さな村の講演会 1895-96）

A・コルバン
築山和也訳

ラジオやテレビのない、フランスの小村に暮らす農民や手工業者たちは、どのようにして地理・歴史・科学の知見を得、道徳や公共心を学んでいたか。一人の教師が行なった講演記録のない講演会を口調まで克明に甦らせる画期的問題作。

四六変上製 二〇八頁 二〇〇〇円
（二〇一四年一〇月刊）
◇978-4-89434-993-3
LES CONFÉRENCES DE MORTEROLLES, HIVER 1895-1896 Alain CORBIN

我々の「身体」は歴史の産物である

HISTOIRE DU CORPS

身体の歴史（全三巻）

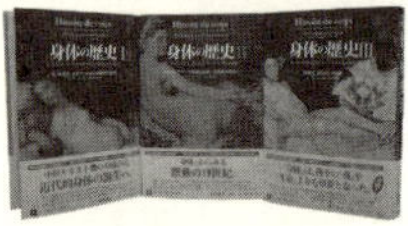

A・コルバン＋J-J・クルティーヌ＋G・ヴィガレロ監修
小倉孝誠・鷲見洋一・岑村傑監訳
第47回日本翻訳出版文化賞受賞　　A５上製　カラー口絵16～48頁　各6800円

自然と文化が遭遇する場としての「身体」は、社会の歴史的変容の根幹と、臓器移植、美容整形など今日的問題の中心に存在し、歴史と現在を知る上で、最も重要な主題である。16世紀ルネサンス期から現代までの身体のあり方を明らかにする身体史の集大成！

第Ⅰ巻　16-18世紀　ルネサンスから啓蒙時代まで
ジョルジュ・ヴィガレロ編（鷲見洋一監訳）

中世キリスト教の身体から「近代的身体」の誕生へ。宗教、民衆生活、性生活、競技、解剖学における、人々の「身体」への飽くなき関心を明かす！
656頁　カラー口絵48頁　（2010年3月刊）　◇978-4-89434-732-8

第Ⅱ巻　19世紀　フランス革命から第一次世界大戦まで
アラン・コルバン編（小倉孝誠監訳）

臨床=解剖学的な医学の発達、麻酔の発明、肉体関係をめぐる想像力の形成、性科学の誕生、体操とスポーツの発展、産業革命は何をもたらしたか？
504頁　カラー口絵32頁　（2010年6月刊）　◇978-4-89434-747-2

第Ⅲ巻　20世紀　まなざしの変容
ジャン＝ジャック・クルティーヌ編（岑村傑監訳）

ヴァーチャルな身体が増殖し、血液や臓器が交換され、機械的なものと有機的なものの境界線が曖昧になる時代にあって、「私の身体」はつねに「私の身体」なのか。
624頁　カラー口絵16頁　（2010年9月刊）　◇978-4-89434-759-5

身体史の集大成の書、名著『身体の歴史』入門

身体はどう変わってきたか

（16世紀から現代まで）

A・コルバン
小倉孝誠／鷲見洋一／岑村傑

医学が身体の構造と病をどう捉えてきたか、身体とセクシュアリティー、絵画・彫刻・演劇・ダンスなどアートによって表現される身体、矯正や美容整形、身体作法やスポーツなど鍛えられ訓練される身体――身体の変容を総合的に捉える初の試み。　**図版多数**

四六上製　三二〇頁　二六〇〇円
（二〇一四年一二月刊）
◇978-4-89434-999-5

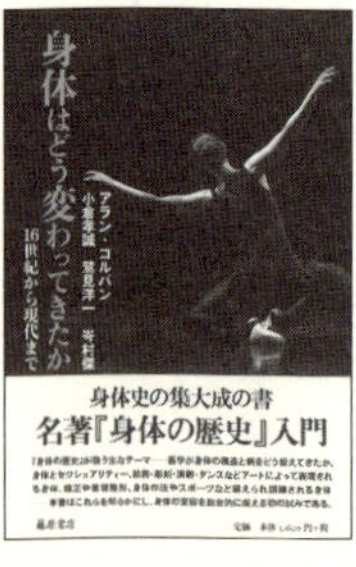

「男らしさ」の変容を描く初の大企画！

HISTOIRE DE LA VIRILITÉ

男らしさの歴史（全３巻）

A・コルバン＋J－J・クルティーヌ＋G・ヴィガレロ監修

小倉孝誠・鷲見洋一・岑村傑監訳

Ａ５上製　カラー口絵付　**内容見本呈**

大好評企画『身体の歴史』（全３巻）の続編！「男らしさは古くからの伝統を刻印されている。それは単に男性的であるということではなく、男性の本質そのものであり、男性の最も「高貴な」部分を指す。男らしさとは徳であり、完成ということになる。」時代や社会により多様な「男らしさ」の創出、繁栄、変容をアラン・コルバンと、ヴィガレロ、クルティーヌ監修のもと、フランスの気鋭の歴史家たちが描き出す大企画！

Ⅰ 男らしさの創出──古代から啓蒙時代まで

ジョルジュ・ヴィガレロ編（鷲見洋一監訳）

古代ギリシアにおいて、「男らしさ」は最初、戦いにおける身体的な勇猛果敢さや道徳的な勇気を意味したが、次第に政治的意味を持つようになり、アテナイでは市民である男性が身につけるあらゆる資質の総合と解されていた。

792 頁　カラー口絵 48 頁　**8800 円**　◇ 978-4-86578-097-0（2016 年 11 月刊）

Ⅱ 男らしさの勝利──19世紀

アラン・コルバン編（小倉孝誠監訳）

19 世紀は男らしさが栄え、男らしさの美徳が最大限に影響力をふるった時代であった。勇気、英雄主義、自己犠牲、栄光の探求、挑戦は受けて立つべきだという態度が男性たちに課された。それは単なる個人的美徳ではなく、社会を規制し、社会に浸透して価値観の基盤になった。

664 頁　カラー口絵 32 頁　**8800 円**　◇ 978-4-86578-120-5（2017 年 3 月刊）

Ⅲ 男らしさの危機？──20-21世紀

ジャン＝ジャック・クルティーヌ編（岑村傑監訳）

男らしさ（ヴィリリテ）の歴史は男性（マスキュリニテ）の歴史ではない。欧米の第一線の歴史家が、さまざまな角度から、この 100 年余の「男らしさ」を究明した問題作。

752 頁　カラー口絵 16 頁　**8800 円**　◇ 978-4-86578-131-1（2017 年 8 月刊）

「物語」のように読める通史の決定版

キリスト教の歴史

〈現代をよりよく理解するために〉

A・コルバン編

浜名優美監訳　藤本拓也・渡辺優訳

イエスは実在したのか？　教会はいつ誕生したのか？　「正統」と「異端」とは何か？　キリスト教はどのように広がり、時代と共にどう変容したのか？……コルバンが約六〇名の第一級の専門家の協力を得て、キリスト教の全史を一般向けに編集した決定版通史。

A5上製　五三六頁　**四八〇〇円**

（二〇一〇年五月刊）

◇978-4-89434-742-7

HISTOIRE DU CHRISTIANISME

sous la direction de Alain CORBIN

現代人の性愛の根源

世界で一番美しい愛の歴史

ル＝ゴフ、コルバンほか

小倉孝誠・後平隆・後平澪子訳

九人の気鋭の歴史家と作家が、各時代の多様な資料を読み解き、初めて明かす人々の恋愛関係・夫婦関係・性風俗の赤裸々な実態。人類誕生以来の歴史から、現代人の性愛の根源に迫る。

四六上製　二七二頁　**二八〇〇円**

（二〇〇四年一二月刊）

◇978-4-89434-425-9

LA PLUS BELLE HISTOIRE DE L'AMOUR

Jacques LE GOFF & Alain CORBIN et al.

コルバン絶賛の書

涙の歴史

A・ヴァンサン＝ビュフォー

持田明子訳

ミシュレ、コルバンに続き感性の歴史学に挑む気鋭の著者が、厖大なテキストを渉猟し、流転する涙のレトリックと、そのコミュニケーションの論理を活写する。近代的感性の誕生を、こころとからだの間としての涙の歴史から描く、コルバン、ペロー絶賛の書。

四六上製　四三二頁　**四二七二円**

（一九九四年七月刊）

◇978-4-938661-96-0

HISTOIRE DES LARMES

Anne VINCENT-BUFFAULT

フランス障がい者史の草分け

盲人の歴史

〈中世から現代まで〉

Z・ヴェイガン

加納由起子訳　序＝A・コルバン

「歴史書の中には、夢想を刺激するものがある一方、読者を深く揺さぶるものもある。本書は、この後者に属する。我々が盲目に対して持っている考えの底深く、執拗に存続する非合理な謬見について自ら問いただすことを強いる力を持っている。」（コルバン「序」より）

A5上製　五二八頁　**六六〇〇円**　**口絵四頁**

（二〇一三年四月刊）

◇978-4-89434-904-9

VIVRE SANS VOIR

Zina WEYGAND

ファッション、美容、エステは、いつ誕生したか？

美人の歴史

G・ヴィガレロ
後平澪子訳

ルネッサンス期から現代までの「美人」と「化粧法・美容法」をめぐる歴史。当初、普遍的で絶対的なものとしてあった「美」は、「自分を美しくする」技術や努力が重要視されるなかで、個性的なもの、誰もが手にしうるものとして徐々に〝民主化〟され、現代では〝美の追求〟は万人にとっての強迫観念にまでなった。

カラー口絵 一六頁
A5上製 四四〇頁 **四六〇〇円**
（二〇一二年四月刊）
◇978-4-89434-851-6

HISTOIRE DE LA BEAUTÉ
Georges VIGARELLO

新しい性の歴史学

性の歴史

J－L・フランドラン
宮原信訳

性の歴史を通して、西欧世界の全貌を照射する名著の完訳。愛／性道徳と夫婦の交わり／子どもと生殖／独身者の性生活の四部からなる本書は、かつて誰もが常識としていた通説を、綿密な実証と大胆な分析で覆す。アナール派を代表する性の歴史の決定版。

A5上製 四四八頁 **五四〇〇円**
（一九九二年二月刊）
◇978-4-938661-44-1

LE SEXE ET L'OCCIDENT
Jean-Louis FLANDRIN

待望久しい増補改訂された新版

新版 新しい世界史
（世界で子供たちに歴史はどう語られているか）

M・フェロー
大野一道訳

世界各国の「歴史教科書」の争点。南アフリカ、インド、イラン、トルコ、ソ連、アルメニア、ポーランド、中国、日本、合衆国、オーストラリア、メキシコ他。［新版特別解説］**勝俣誠**（アフリカ史）**佐藤信夫**（アルメニア史）

A5並製 五二八頁 **三八〇〇円**
（二〇〇一年五月刊）
◇978-4-89434-232-3

COMMENT ON RACONTE L'HISTOIRE AUX ENFANTS À TRAVERS LE MONDE ENTIER
Marc FERRO

「母親」「父親」って何

母親の役割という罠

〔新しい母親、新しい父親に向けて〕

F・コント
井上湊妻子訳

女性たちへのインタビューを長年積み重ねてきた著者が、フロイト／ラカンの図式的解釈による「母親＝悪役」イメージを脱し、女性も男性も子も真の幸せを得られるような、新しい「母親」「父親」の創造を提唱する、女性・男性とも必読の一冊。

四六上製　三七六頁　三八〇〇円
（一九九九年一一月刊）
◇978-4-89434-156-2
JOCASTE DÉLIVRÉE　Francine COMTE

愛は悲劇を超えられるか？

なぜ男は女を怖れるのか

〔ラシーヌ『フェードル』の罪の検証〕

A・リピエッツ
千石玲子訳

愛は悲劇を超えられるか？　ラシーヌ悲劇の主人公フェードルは、なぜ罪を負わされたのか。女性の欲望への恐怖とその抑圧という西洋文明の根源を鮮やかに解き明かし、そこからの〝解放〟の可能性を問いかける。

四六上製　二九六頁　二八〇〇円
（二〇〇七年一月刊）
◇978-4-89434-559-1
PHÈDRE　Alain LIPIETZ

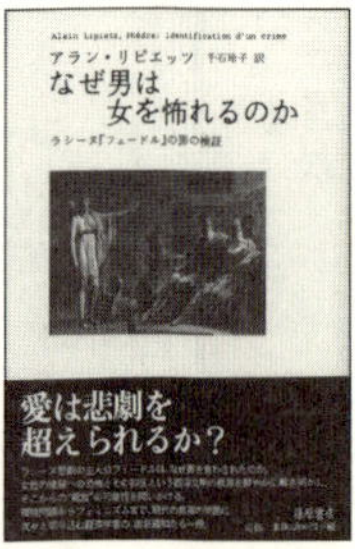

女性・近代・資本主義

歴史の沈黙

〔語られなかった女たちの記録〕

M・ペロー
持田明子訳

「父マルクスを語るマルクスの娘たちの未刊の手紙」「手紙による新しいサンド像」ほか。フランスを代表する女性史家が三十年以上にわたり「アナール」やフーコーとリンクしつつ展開した新しい女性史の全体像と近代史像。

Ａ５上製　五八四頁　六八〇〇円
（二〇〇三年七月刊）
◇978-4-89434-346-7
LES FEMMES OU LES SILENCES DE L'HISTOIRE　Michelle PERROT

「女と男の関係」で結ぶ日本史と西洋史

歴史の中のジェンダー

原始・古代から現代まで、女と男はどう生きてきたのか。「女と男の関係の歴史」の方法論と諸相を、歴史学のみならず民俗学・文学・社会学など多ジャンルの執筆陣が、西洋史と日本史を結んで縦横に描き尽す。

網野善彦／岡部伊都子／河野信子／A・コルバン／三枝和子／中村桂子／鶴見和子／G・デュビィ／宮田登ほか

四六上製　三六八頁　二八〇〇円
（二〇〇一年六月刊）
◇978-4-89434-235-4

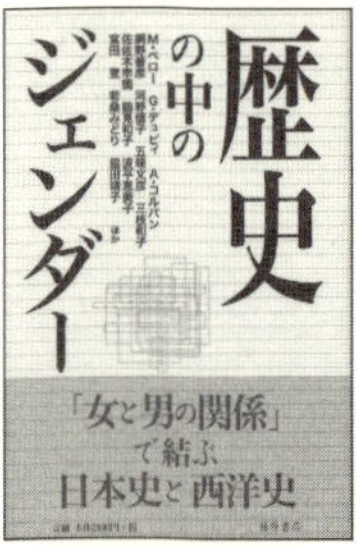

1989年11月創立　1990年4月創刊

一九九五年二月二七日第三種郵便物認可　二〇一八年六月一五日発行（毎月一回一五日発行）

月刊
機
2018
6
No. 315

発行所　株式会社　藤原書店©
〒一六二―〇〇四一　東京都新宿区早稲田鶴巻町五二三
電話　〇三・五二七二・〇三〇一（代）
FAX　〇三・五二七二・〇四五〇
◎本冊子表示の価格は消費税抜きの価格です。

編集兼発行人
藤原良雄
頒価 100円

「おれは、今までに恐ろしいものを二人みた。それは横井小楠と西郷南洲だ」（勝海舟）

一五〇年前に、新しい国家像を提示した男

――『評伝 横井小楠 ――未来を紡ぐ人 1809-1869』出版にあたって――

小島英記

▲横井小楠

幕末維新の激動の中で早くに西欧諸国の現実を見抜き、近代日本の歩むべき道を構想し提言した横井小楠。「公共」の思想の重要性を説き、『五箇条の御誓文』の「万機公論に決すべし」は小楠の思想である。土台とも云うべき「国是七条」（一八六二年）を作成し、「船中八策」にも影響を与える。勝海舟や松陰らにも影響を与え、「日本の鉄道の父」といわれる安場保和は、小楠門下「四天王」の一人である。後の後藤新平、徳富蘇峰らにも大きな影響を及ぼした小楠とは何者か？　**編集部**

●六月号目次●

「おれは、今までに恐ろしいものを二人みた。横井小楠と西郷南洲だ」
一五〇年前に、新しい国家像を提示した男　小島英記　1

感性の歴史家〝アラン・コルバンの最新作！
「夢の乙女」は、なぜいつから消失したのか？　A・コルバン　6

民主主義の衰退と不平等の中で求められる市民社会論
「市民社会と民主主義」の現在を問う　山田鋭夫ほか　10

短期集中連載・石牟礼道子さんを偲ぶ　4
石牟礼道子、苦海のほとりから　赤坂憲雄　14

短期集中連載・金子兜太さんを偲ぶ　3
兜太先生への心残り一つ　芳賀徹　16

〈リレー連載〉近代日本を作った100人51「大山捨松――日本の近代の始まりを彩った女性」三砂ちづる 18
〈連載〉今、世界はV―2「プーチン・ロシアのパラドックス」木村汎 20　沖縄からの声IV―3「神武東征と龍宮神」海勢頭豊 21　『ル・モンド』から世界を読むII―22「「任務完了」ではない」加藤晴久 22　花満径27「天子と祖霊」中西進 23　生きているを見つめ、生きるを考える39「アインシュタインの脳はどこが違うのか」中村桂子 24　国宝『医心方』からみる15「レタスの文化史と効能」槇佐知子 25
5・7月刊他案内／読者の声・書評日誌／イベント報告／刊行案内・書店様へ／告知・出版随想

横井小楠とは何者か

幕末維新の先駆的思想家といわれ、維新の十傑にもあげられながら、日本史の教科書にも登場せず、知名度も低い。横井小楠とは、そも何者だったのでしょうか。

江戸無血開城の立役者であった勝海舟が、『氷川清話』で述べた人物評があります。

「おれは、今までに天下で恐ろしいものを二人みた。それは横井小楠と西郷南洲だ。横井は、西洋のことも別にたくさんは知らず、おれが教えてやったくらいだが、その思想の高調子なことは、おれなどは、とてもはしごを掛けても、およばぬことがしばしばあったよ。おれはひそかに思ったのさ。横井は自分に仕事をする人ではないけれど、もし横井の言を用いる人が世の中にあったら、それこそ由々しい大事だと思ったのさ」

海舟ほどの人物を驚嘆させた小楠の、**高調子な思想とは何だったのか**、それを知らなければなりません。

幕末の名君のひとりに数えられる福井藩主の松平慶永《よしなが》（春嶽）に、小楠が熊本から招かれて藩政改革にあたったとき、万延元（一八六〇）年に著わしたのが**『国是三論』**です。一藩の改革の先に日本という国家建設に必要な**「富国・強兵・士道」**の三論を説いたものですが、そこに、こういうことを書いています。

「**アメリカはワシントン以来、三大方針を立てた。第一は**、天地の間に殺し合いほど悲惨なことはないので、**天意にのっとって世界中の戦争を止めさせるの**を務めとした。第二は、**世界万国から智識を集めて政治や教育を豊かにする。**第**三は、大統領の権限を世襲ではなくて、賢人を選んでこれに譲り子に伝えない。**これによって君臣の関係を廃し、政治は公共和平をもって務めとし、政治法律制度から機械技術にいたるまで地球上の善美と称するものはみな採用し活用するという理想的な政治が行われている。

イギリスでは、民意を尊重する政体で、政府の施策は大小にかかわらず国民にはかり、賛成するところを実施し、反対することは実行しない。開戦講和についても同様だ。それゆえロシアや清朝中国とそれぞれ数年にわたって戦争をし、死傷多数、多額の経費を要しても、だれ一人として怨むものはない。

ロシアその他の国々でも、多くは文武の**学校**はもちろん、**病院・幼児院・聾唖院などを設け、政治・教育はすべて倫理道徳によって民衆のためにおこなわれ、**ほとんど古代中国の三代の理想政治に符合するにいたっている。

このようにすぐれた政治をおこなっている西洋諸国が日本にやってきて、公共の道をもって日本を説き鎖国の方針を改めさせようとした。日本がなおも鎖国の旧方針を固守し続け、徳川一家のための幕府政治や、各大名一家のための藩政治をおこない、交易の理を知らないのは愚行というほかはない」

西洋各国の情報を得て開眼

小楠は安政二（一八五五）年の夏、中国の林則徐がつくらせた世界情報事典ともいうべき『海国図志』の翻訳版から米英露など西洋各国の情報を得て衝撃を受け、開眼します。

情報は正確ではないにせよ、西洋が体現しつつある政治原則、共和政治、議会制度、民主主義、福祉、教育などの理念が、堯舜三代の理想、公共の道に近いと見立て、これをもって実現すべき国家目標だと唱えたのです。さらに注目すべきは、その新しい国家は世界平和を創出すべき存在になるべきでした。彼はこう書いています。

「日本は地球の中央に位置して海の便は四通八達し、英国に勝ることは万々である。だから、幕府がもし維新の令を下し、わが国固有の鋭勇を鼓舞し、全国の人心を団結させ、軍政を定めて威令を明らかにすれば、外国は恐れるに足らないのみならず、逆に機会を見て海外諸国に渡航遠征、わが義勇をもって海外諸国の争いを仲裁してやれば、数年もたたないうちに諸外国のほうから日本の仁義の風を仰ぐようになるだろう」

小楠はすでに安政四（一八五七）年、福井藩から招聘の使者として来た村田氏寿《うじひさ》に、意訳すればこういう話をしています。

「日本に仁義の大道を起こさねばならない。強国になるのではない、強国があれば必ず弱国が生まれ、侵略するからだ。この道を明らかにして世界の世話焼きにならねばならぬ。（アームストロング砲の）一発で一万も二万もの人が戦死するということは、必ず止めさせねばならぬ。日本の現状を正視すれば、インドのような植民地になるか、世界第一等の仁義の国になるか、選択肢はこのほかにない」

「世界の世話焼き」という表現が印象的です。

大日本帝国憲法の起草に参画し中央集権国家の確立に尽力した井上毅《こわし》が、元治元（一八六四）年秋、時習館居寮生のときに沼山津《ぬやまづ》に隠棲していた小楠を訪ね、『沼山対話』を著わしましたが、ここに「割拠見《かっきょみ》」という言葉が出てきます。「自国本意の見方・利己主義あるいはナショナル・インタレスト」という意味です。

「各国は割拠見の気習をいだき、自分を利する心で、至誠惻怛《しせいそくだつ》（他人を心底思いやる気持ち）の根元がないから、天をもって心として至公至平の天理に則ることができない」

「彼らは、しょせん戦争をしなければ日本人の心を交易にむけられないと思っているに違いない。そういう計算は精密だが、枝葉末流の精緻さで、至誠惻怛から発したものとは違う。各国の割拠見で惨憺たる戦争を引き起こし、真実公平の心で天理に則り割拠見を抜けたワシントンの国アメリカでさえ南北戦争をひきおこし、その遺意は失われた」

アメリカに対する失望とともに、**ナショナル・インタレストが支配する世界で独立し平和思想をもって生き抜くには、至誠惻怛をもって決意を示すほかないと**表明したのです。

日本発の世界平和を唱える

小楠らの肥後実学党の同志で、途中から離れた元田永孚《ながざね》は、明治天皇の側近になりましたが、小楠の後輩を自認しました。ただし、彼が起草に参与した教育勅語は小楠思想から遠いものです。ともあれ、その彼が、小楠の談話をまとめた『沼山閑話』（慶応元年秋）に、こう記してあります。

「西洋の学はただ事業上の学で、心徳上の学ではない。事業はますます開けたが、人情にわたることを知らず、交易談判も事実約束を詰めるだけだから、ついに戦争となる」「心徳の学があって人情を知らば、西洋列強の戦争は止むべきなり」「もし、わが国で三十万石以上の大名に、その人物を得て、三代の治道を講究し、そのうえに西洋の技術を得て皇国を一新し、西洋に普及すれば、終には戦争を止めることができるだろう」

小楠は慶応三（一八六七）年六月二十六日、アメリカに留学中の甥で養嗣子の左平太と大平宛て書簡に、こう書いています。

「西洋列国は利の一途に馳せ、一切義理これなく」「富国強兵器械の事にいたっては、誠に驚き入った事業で、今日ほど盛大なのは過去にもなく、至れり尽くせりというべく、ただこの一途のみ用いるべき事で、道については堯舜孔子の道のほか世界にないのはいよいよもって明らかである。一言でこれをいえば、西洋学校は稽業（学業）の一途で、徳性をみがき知識を明にする学道は絶えてなく、本来の良知を一稽業に限ったのでは、その芸業のほかはさぞかし暗いことと察する。

すでに西洋列強の、これまでの有名な人物をみても、アレキサンデル・ペイトル・ボタマルテ（アレクサンダー大王、ピョートル大帝、ナポレオン〔ボナパルト〕と思われる）らの類い、いわゆる英雄豪傑のやからのみで、ワシントンのほかは徳義ある人物はいっさいなく、これからもワシントン級の人物は決して出てくる道理がない。戦争の惨たんはいよいよもってはなはだしくなるであろう」

これより先、左平太・大平がアメリカに出発した慶応二（一八六六）年、小楠はふたりの旅のはなむけに、自分の理想を凝縮させた次の言葉を与えています。

堯舜孔子の道を明らかにし、
西洋器械の術をつくさば
なんぞ富国に止まらん
なんぞ強兵に止まらん
大義を四海に布かんのみ

小楠は維新政府の参与になりましたが、慶応四（一八六八）年五月、一時、病重篤になったときに口述した「遺表」で、「ただ富強の事に従うのは覇者の術である」と述べ、「西洋各国をみるに、その崇《たっと》ぶところ耶蘇（キリスト教）をもって宗とし、その道は人の良心に基づくことを知らず、その精励の出ずるところ、人事の行われるところ、ただ利害の一途に出で、倫理綱常を廃棄し、酷剝（薄）を極めて、我の欲をなすにいたる。実に宇内の大患なり。独り本朝は未だこの害を蒙らず」、つまり、西洋的な富国強兵だけでは覇者の術であり、キリスト教ではない道を知る可能性のある日本だけが世界平和を実現できると表明したのです。（構成・編集部）

（こじま・ひでき／作家）

評伝 横井小楠
未来を紡ぐ人 1809-1869
小島英記
四六上製 三三六頁 二八〇〇円

別冊『環』⑰
横井小楠 *1809-1869*
〔「公共」の先駆者〕
源了圓編
平石直昭＋松浦玲＋源了圓／田尻祐一郎／北野雄士／野口宗親／沖田行司／山﨑益吉ほか
〔附〕系図・年譜・関連人物一覧 二八〇〇円

小説 横井小楠
小島英記
人間・横井小楠を大胆に描く歴史小説。
〔附〕略年譜／参考文献／系図／事項・人名索引 三六〇〇円

横井小楠研究
源 了圓
日本思想史に巨大な足跡を残してきた著者のライフワークを集大成。 九五〇〇円

横井小楠の弟子たち
〔熊本実学派の人々〕
花立三郎
牛嶋五一郎、荘村助右衛門、徳富一敬、内藤泰吉、河瀬典次、山田武甫、嘉悦氏房、安場保和ら門弟八名の人物像と業績。 八五〇〇円

名著『においの歴史』で知られる〝感性の歴史家〟アラン・コルバンの最新作！

「夢の乙女」は、なぜいつから消失したのか？

――『処女崇拝の系譜』邦訳出版にあたって

アラン・コルバン

「天使」と「娼婦」の緊張関係

「夢の乙女」〔本書原題 *Les filles de rêve*, 2014〕の消失は、西欧の想像力の歴史のなかで大きな断絶をなしている。もう数十年も前のことだが、文学史家のジャン・ボリが述べていた。十九世紀の男たちは――たしかにはるか昔のことだが――**「天使的な嘆願」と「売春宿での武勲」とのあいだをゆれていた**、と。この二つの緊張関係を重視するなら、ここに集約された公式は本質的な問題を提示している。性行動の放縦な側面にかかわる現象は、多くの歴史家たちによってくわしく研究されてきた。艶書とそれが身体におよぼす影響、誘惑のプロセス、処女喪失の平均年齢、ありとあらゆる形式の売春などである。図書館には、高級娼婦や「有名な娼婦《オリゾンタル》」、宿命の女《ファム・ファタル》について書かれた文献が山をなしている。私としては、「娼婦《フィユ・ド・ノス》」や十九世紀の性的快楽のありかたに関心をいだいた。

これにたいして、性行動のもう一つの側面、すなわち**「天使的な嘆願」**にかかわることは忘れられてしまった。その理由は明白である。このような女性観は、現代に生きるわたしたちの想像力や衝動、さらには科学や実践にももはや合致していないからである。一九六〇年頃に立ち起こったラディカルな過去との決別は、恋愛の一大側面を過去に押しこめ、理解不可能なもののカテゴリーに押しこめたばかりか、非難すべきもののカテゴリーに追いやったのである。

今日それをアイロニーもなく、罵倒もせずに語ることができるだろうか？　アナクロニズムに陥ることなく、それを再現することができるだろうか？　数世紀のあいだ――十九世紀をピークとして――男たち、なかでも文化的エリートに属していて、中学校《コレージュ》やリセ、さらには大学に通った若者たちは、女性との関係をもっていた。かれらは医師が交接と呼んでいたものを実践し、性的な興奮や快楽と呼ばれていたものを経験していた。かれらの経験は幼少の頃からで、「若い子守り」や売春婦を相手にし、あとは「お針娘《グリゼット》」や「縫い娘《クセット》」や宿の女中などを相手にしていた。社会的表象として浮かびあがるこれらのカップル以外にも、かれらには愛人がいる場合が多く、女優や、夫のあるブルジョワの女が相手になっていた。そんななかで、かれらはラヴレース『クラリッサ・ハーロー』の誘惑者」やヴァルモン『危険な関係』の誘惑者」を演じようと努めていたのである。こうしたことはみなわかりきったことだが、念のためにもう一度確かめておこう。十九世紀の半ば以降、**毒ある肉体は誘惑的であったのだ。**さまざまな日記や書簡、回想録、自伝がそうした経験を書きつづっており、当時、それは「性的生活」と呼ばれていたもののなかに入れられていた。

▲アラン・コルバン（1936-）

恋心をかきたてる「乙女」たち

けれども、歴史家たちがあまり言わないことなのだが、まさしくこれらの同じ中学生やリセの生徒たち、学校に通う若者たち、さらには所帯をかまえたブルジョワでさえ、これと並行して、精神も心も、「夢の乙女」につきまとわれていたのである。自己を語る記述のなかでも際立っている事柄だが、かれらはこう告白している。若い娘が目にとまったり、すれちがったり、時として言葉をかけたことがある、と。だが娘は誘惑しようとする間もなく、たちまち消え去ってしまった、と。それだけに、彼女たちは夢をかきたて、その面影は記憶に刻みこまれ、感傷的な追憶のうちに刻みこまれて、時として老年期になっても消え去ることがなかった。その強烈な印象は、やがて妻となり、子供たちの母となった、若き日の清らかな婚約者の印象をひそかに凌駕するほどだった。

いうまでもなく、このような夢の乙女の姿は、読書したり、絵画や彫刻を見たり、演劇やオペラに通ったりして培われたモデルからきている。これらのモデルへの憧れは、心身ともにステレオタイプ化した肖像となって表れ、またその感受性のありかたにも表れており、それ以上に、床を共にする女たちのところでは決して見出せないような決定的な美質に表れている。本書の目的はまさにここにあるのだ。すなわち、直接に性欲にうったえることなく恋心をかきたてるように導いた一連の紙上の乙女たちを選び出して、その姿を描き出すことである。

精神に占めるその存在感の大きさの順に、こうして選ばれた乙女たちを検討してゆきたいと思うが、その前に、彼女らの影響力を決定づけた特徴の主だったものをあげておこう。どの娘も、顔が美しく、色艶が美しい――たいてい白く光り輝くようだ――、目がきらきらと輝き、髪がきれいで、ふさふさと長い金髪が多い。また手やくるぶしの美しさも忘れてはならない。私たちが挙げてゆくテクストには、からだの丸みについてはふれられていない。逆にすらりと背がたかくてほっそりとした物腰は大きくあつかわれている。夢の乙女は自分の姿のエロティックな力を知らず、それをひけらかしたりしていない。彼女はつつましやかで、真面目で、おとなしい。近寄りがたいこともある。その物腰と慎ましさは、美徳を大切にしていることを表している。

優しさ――それこそ天使との類似性を現しているのだが――、感じやすさ――それは涙もろさに表れている――甘やかさ、勇気、不幸なひとへの憐れみ、ある種のはかなさといったものによって、乙女の肖像ができあがる。夢の女はあらゆる芸術表現に鋭い感受性を示す。彼女は詩情を好む。自然の美しさにはひときわ敏感である。一連の乙女たちは、後にみるように、程度の差こそあれ女性同士の友愛を思わせ、なかには夭折を定められている乙女たちがいる。それだけにいっそう男の胸に深い面影を残すのだ。

「処女性」の歴史

今日、彼女たちのおよぼした影響力を良く理解するのは難しいと思うので、夢の乙女の本質的な特性について詳述しなければならない。つまり**私が語りたいのは、処女性のことである。**残念ながら、かくも長い世紀にわたって重大であったこの概念について書かれた、新しい決定的な歴史は存在しない。そもそもからして、**男たちの精神にあって、夢の乙女は処女であり、無傷で、護られているのだ。**

「すべての時代、すべての国の人びとは、処女性について素晴らしいという思いを抱いている」。フランソワ=ルネ・ド・シャトーブリアンは一八〇二年に書いている。加えて彼はこう附している。「そのさまは、**夜の清新な宇宙のなかに、神秘的な恥じらいをさまよわせているあの月の様子にそっくりだ**」と。もろもろの詩人たちが、「自然の三界〔動物、植物、鉱物〕において」、**処女性は「美の優雅さと完**

璧さの極み」であると語ってきた。ミューズたちが永遠の若さを保っているのは処女性のおかげなのだ。シャトーブリアンは、要するに**処女性は「若さの魅惑」の一部をなしているのだ**と結んでいる。

一九人の「夢の乙女」たち

▲「オフィーリア」オディロン・ルドン作

このような過去を理解しようとする私たちの探求の歩みはいかなるものになるのだろうか。

私たちは、二十世紀半ばの革命に先立つ時代の男性にとって夢の乙女であった娘たちを、一九人選んでみた。神話に現れた乙女（四人）、ことに文学に現れた乙女たち（一五人）である。それぞれについて、最新の文学史的研究成果を要約するつもりはない。それをやろうとすれば長大なシリーズが必要になるにちがいないからだ。**私たちの目的は、**時の流れのままに、強いインパクトをあたえた乙女たちの姿を選りだして、**彼らの夢を養ったこの乙女たちについて、後続する世代の男たちが何を知りえたかを理解しようとすることである。**

（構成・編集部）

（山田登世子・小倉孝誠訳）

（Alain Corbin／パリ第一大学名誉教授。世界で唯一の〝感性の歴史家〟）

処女崇拝の系譜

アラン・コルバン

山田登世子・小倉孝誠訳

カラー口絵八頁

四六変型上製　二二四頁　二二〇〇円

古代から近代まで西洋史を貫き、20世紀半ばに潰えることとなった、男のロマンティシズム＝「プラトニック・ラヴ」の系譜学。

■好評既刊書

A・コルバン＋J-J・クルティーヌ＋G・ヴィガレロ監修

小倉孝誠・鷲見洋一・岑村傑監訳

男らしさの歴史（全3巻）

A5上製　平均各七〇〇頁　各八八〇〇円

身体の歴史（全3巻）

A5上製　平均各六〇〇頁　各六八〇〇円

■A・コルバン　ロングセラー

娼婦〈新版〉上・下

杉村和子監訳　山田登世子解説

A5判　平均各三三〇頁　各三二〇〇円

においの歴史（嗅覚と社会的想像力）〈11刷〉

山田登世子・鹿島茂訳

A5上製　四〇〇頁　四九〇〇円

21世紀の日本の〝社会科学〟は、〝市民社会論〟の再検討から始まる。

「市民社会と民主主義」の現在を問う

——『市民社会と民主主義』出版に際して——

山田鋭夫・植村博恭・原田裕治・藤田菜々子

「市民社会」とは何か？

「市民社会と民主主義」を問うということは、政治・経済・社会・文化・歴史など、きわめて広範かつ広大な領域にまたがる社会科学的課題である。それを自覚しつつも、わたしたちはこれに主として経済学の側から精いっぱい取り組んでみようとした。また、この問いはたんに過去の知的遺産の確認にとどまってよいはずはなく、何よりも現代的な争点である。私たちはそのことを十分に意識しつつ、未来に向かってわたしたちがどうかかわるかの問題としてこの課題を受け止めてきた。そのような問題意識を共有しつつ四名が試みた共同作業の結果が本書である。

資本主義の新自由主義化と民主主義の危機とは、おそらく深いところで切り結んでいるのであろう。民主主義とは決して議会選挙や多数決なるものに矮小化されてはならず、自由な意見交換と相互交流を通して、わたしたち市民一人一人が最終的に「巨大な社会的複眼」を形成していくことにある。社会としての複眼の形成であると同時に各個人自身における複眼形成でもあるはずだ。そしてそれは分業世界における「共感」の成熟と不可分であり、あるいは専門家と素人との実りある意思疎通と切っても切り離せない。こう考えてみるとき「市民社会」という言葉が改めてよみがえってくる。

そんな思いからわたしたちは本書で、戦後日本における市民社会論や制度派経済学がもっていた思想的核心に学びなおすと同時に、これにレギュラシオン・アプローチが切り拓いた経済理論と経済分析という骨格を与えようと試みた。裏返せば、レギュラシオン理論という外国産の経済学を、日本で独自な展開をとげた市民社会思想のうちに受けとめようという試みでもある。それらを通して本書から、よき経済社会は健全な市民社会に支えられねばならない、というメッセージを読みとっていただければ……と思っている。

戦後日本の市民社会思想

本書は、社会科学の専門の研究者だけでなく、一般の読者の眼にふれることになる。むしろ、われわれは一般の読者が読んでくれることを切に望んでいる。それは、「市民社会」というテーマそのものが、一人一人の市民とその共感の大切さをまさに認識するものだからである。そして、われわれ四人の執筆者もまた専門家であるとともに、ごくふつうの一人の市民である。そうあらためて自覚したとき、戦後七十余年の歴史の時間的な流れとわれわれがいま生きている日本社会の空間から本書をあらためて複眼的に眺めてみることも、われわれにとって必要なこととなっている。

都留重人（1912-2006）　内田義彦（1913-89）

戦後の長い歴史の時間的な流れについていえば、われわれは、内田義彦や都留重人などに代表される戦後の市民社会と民主主義の経済思想から始めて、とても多くの先人たちの知的営為を確認し、さらに現代の社会科学をふまえて、いまなにを継承すべきかを考えてきた。そこには、高度経済成長の一九六〇年代、それが終焉をむかえ経済構造の調整期であった七〇年代、世界第二の経済大国へとむかった八〇年代、そしてバブル崩壊後二〇年以上にわたる長期不況を経験した九〇年代から二〇〇〇年代の日本の社会と経済、このような何十年にもわたった貴重な経験と社会科学の発展が二重写しになって思いだされた。さらに、九〇年代以降は、経済のグローバリゼーションが抗しがたい力をもってわれわれにのしかかってきた。このような長い歴史のなかで、日本の資本主義はどのように発展してきたのか、市民一人一人が民主主義の主体として、日本の社会と経済を本当につくってきたのかどうか。あるいは、それに逆行する多くの動きが強まっているのではないか。いま市民一人一人は、どうしたらよいのか。こうした問いに対して応えるためのささやかな試みとして本書があることを望んでいる。

いまわたしたちが生きているこの日本の社会と政治の空間は、民主主義と市民の人権が発展しつつあるとは、残念ながら言えない。市民の自律と生存権がいたるところで踏みにじられている。われわれ執筆者四人は、このことを強く意識しつつ本書を書いた。本書のもっているメッセージが、ふつうの市民にまで届くように祈りつつ文章を書きついできた。いまさまざまな市民は、生活と労働の場でどのように生きているのか、その厳しい現実に対してできるかぎりわれわれの想像力をはたらかせてきた。そのなかで、適切な制度とルールを構築することが、よき市民を育むという現代経済学の最先端のメッセージも紹介してきた。しかし、適切な制度とルールを構築するのもまた一人一人の市民であり、その政治参加である。そこには、まさに民主主義の発展という将来にわたる永続的な課題がある。

「市民社会」概念の広がり

このように考えると、世代から世代へと市民社会と民主主義の社会認識を引き継ぎ、そして発展させることが重要だと、あらためて実感せざるをえない。執筆者のあいだでも、世代から世代へと社会認識を手渡しすることが意識された。山田鋭夫が大学生だったのは、高度経済成長期の一九六〇年代前半である。まさに現代資本主義が鮮明にその姿を現した時代である。植村博恭は、高度経済成長が終焉をむかえ、日本各地で市民自治と生活者の視点の重要性が言われた一九七〇年後半に大学生活を送った。そして、一九八〇年代の日本は、企業主義のもとで世界第二の経済大国となった。原田裕治と藤田菜々子が大学生だったのは、それに続く一九九〇年代であり、バブル崩壊後の「失われた一〇年」の時代である。それは経済のグローバリゼーションが進行するとともに格差社会が次第に深刻化していった時代である。われわれ執筆者四人は、その一九九〇年代に名古屋大学でともに学ぶというとても貴重な経験をもった。特に、ミシェル・アグリエッタやロベール・ボワイエによって生み出された社会制度と民主主義を重視するレギュラシオン理論は、サミュエル・ボウルズなど同時期の新しい政治経済学とともに、われわれがさまざまに研究を発展させる共通の基盤となった。

この時代は、すでに「社会主義」を自称する体制が崩壊し、新自由主義が世界を席巻していた。まさに、大きな世界史的転換の時期である。それとともに、足元では着実に女性の社会進出が進み、男性を働き手とする社会モデルは転換を余儀なくされた。本書で藤田菜々子が論じたように、新しく福祉社会が志向されるなかで、「市民社会」の概念も市場経済における自由・公正・平等を重んじる規範やそれを支える共感にとどまらず、そこからさらに、市民的権利を基礎とし生活圏に連なる公共空間としての「市民社会」――とそこにおける社会的連帯――にまで、幅広い広がりをもったものとして再認識されるようになったのである。

しかし、もちろんわれわれの現在の研究成果からすると、「市民社会」をたんに公共的な空間としてのみとらえるだけでは、不十分だと感じられる。そこにおける主体の選好や行為にさまざまな規範が影響を与えているからである。本書で原田裕治が行った資本主義の多様性分析をふまえると、市民社会の規範的側面が各国の社会にとって実証的にも重要な意味を持っている。さまざまな資本主義は、さまざまな種類の規範と信頼の存在をもって人々の意識を規定し行為を調整しているのである。このような資本主義の多様性についての複眼的な認識は、翻ってわれわれが生きる日本社会の特質をあらためて自覚させるものとなる。これまで日本社会においては、企業主義のもとで、市民一人一人の自己決定と社会における公共性の発展が阻まれてきた。しかも現在、非正規雇用の増加、長時間労働、ジェンダー格差、貧困問題など社会問題が一層深刻化している。その意味では、日本で「市民社会」を語ることは、依然としてわれわれが歩むべき途を示す規範とそれを担う主体の形成を示唆するものでありつづけていると言えるだろう。

（構成・編集部）

（やまだ・としお／名古屋大学名誉教授）
（うえむら・ひろやす／横浜国立大学教授）
（はらだ・ゆうじ／摂南大学准教授）
（ふじた・ななこ／名古屋市立大学教授）

市民社会と民主主義
レギュラシオン・アプローチから
山田鋭夫・植村博恭・原田裕治・藤田菜々子
A5上製　三九二頁　五五〇〇円

■好評既刊書
金融資本主義の崩壊
【市場絶対主義を超えて】
R・ボワイエ
山田鋭夫・坂口明義・原田裕治 監訳
「金融市場を、公的統制下に置け！」　五五〇〇円

作られた不平等
【日本、中国、アメリカ、そしてヨーロッパ】
R・ボワイエ　横田宏樹訳　山田鋭夫監修
「様々な不平等レジームの相互依存」――レギュラシオンの旗手による世界への提言。三〇〇〇円

転換期のアジア資本主義
植村博恭・宇仁宏幸・磯谷明徳・山田鋭夫 編
激変のアジア資本主義の実像。〝豊かなアジア〟に向うため、仏中韓日の共同研究。　五五〇〇円

短期集中連載　石牟礼道子さんを偲ぶ　4

石牟礼道子、苦海のほとりから

赤坂憲雄

宮本常一と石牟礼道子

わたしは石牟礼道子さんについて、幾編かの舌足らずなエッセイを書いている。『石牟礼道子全集』第八巻『おえん遊行』に寄せた解説「聞き書きと私小説のあいだ」（二〇〇五年）などは、いま読み返すと、恥ずかしいほどに揺れており焦点が定まっていない。わたしはいつでも、自分にはとても石牟礼道子論は書けないと思いながら、手探りに挑んでは、腰砕けに終わってきたような気がする。

ところで、その解説文のなかには、「あるいは、石牟礼さんに影響を与えたかとも想像される、宮本常一の『忘れられた日本人』と、いささか唐突に、宮本の名前が登場してくる場面があった。そのことに気づいて、ほとんど狼狽させられたのだった。すっかり忘れていたからだ。今年になって、石牟礼さんの『西南役伝説』の文庫版に解説を執筆する機会があって、やはり宮本常一とその『忘れられた日本人』に言及している。そのときは、宮本と石牟礼さんを繋げるのははじめてだと、うかつにも思い込んでいた。そこには、『忘れられた日本人』／『西南役伝説』を「聞き書きという方法に根差した傑作」として評価しながら、いずれ、この二つの著作を並べて論じることになる、と見える。

六〇年代・「歴史の踊り場」

じつは、わたしは尻切れとんぼに終わった「戦後知の戯れ」（『コトバ』二五号〜二九号）という連載のなかで、宮本や谷川雁、花田清輝、岡本太郎らが交錯する一九六〇年代の知の風景に光を当てる試みをおこなっていた。『忘れられた日本人』に収められた聞き書きエッセイは、六〇年代の安保闘争の前後に『民話』という雑誌に連載されたものだった。『西南役伝説』の「あとがき」に、石牟礼さん自身が「昭和三十七年にとりかかったこの仕事」と書かれているのを眼にして、ある確信を得たのである。谷川雁をあいだにはさんで、宮本常一と石牟礼道子とを繋ぐ線分が浮かびあがってくる、と。

▲赤坂憲雄氏（1953-　）

いまはまだ、たんなる憶説の域に留まる。しかし、この列島社会が高度経済成長期に突入してゆく六〇年代の知の状況に眼を凝らしていると、われわれの現在を構成するさまざまな問いの総体が、どうやらその時期に萌芽ないし起源をもつらしいことが見えてくる。関東大震災とともに、大正期は歴史の踊り場の時代となった（鷲田清一編著『大正＝歴史の踊り場とは何か』）。それになぞらえれば、一九六〇年代はもうひとつの踊り場の時代であったかもしれない。まさにその六〇年代に、石牟礼さんは生まれ合わせている。若き日の石牟礼さんが、宮本常一や谷川雁らとの同時代者であったことを記憶に留めておくことにしよう。そうして、石牟礼さんはほかならぬ水俣病との対峙を通じて、みずからの思想や文学を鍛えあげていったのである。

おそらく、われわれがいま生きつつある二〇一〇年代もまた、後世からは踊り場の時代として回想されることになるはずだ。東日本大震災と東京電力福島第一原発の爆発事故によって、われわれの社会には巨大な亀裂と変容がもたらされた。その全体像どころか、次々に到来する現象のかけらに翻弄されているばかりで、いまは、そこで何が起こっているのかなど、まるでわからない。

そのなかで、石牟礼さんの『苦海浄土』が、いわば黙示録的な意味合いをもって再発見されようとしている。けっして偶然ではない。それはきっと、半世紀という歳月をかけて、ようやくにして時代を総体として背負うような文学世界へと成熟を遂げてきた。読者にもまた、成熟が求められたことは言うまでもない。水俣的な世界が学問の言葉によってではなく、詩によってもっとも深く、もっとも色彩鮮やかに描かれえたことをこそ、真っすぐに凝視しなければならない。もうひとつの苦海はいまだ、その存在すら気づかれていない。

（あかさか・のりお／学習院大学教授）

苦海浄土　全三部
石牟礼道子
解説＝赤坂真理・池澤夏樹・加藤登紀子・鎌田慧・中村桂子・原田正純・渡辺京二
四六上製　一一四四頁　四二〇〇円

短期集中連載　金子兜太さんを偲ぶ　3

兜太先生への心残り一つ

芳賀　徹

金子兜太氏とずいぶん長くつきあってきて、たった一回、私が大いに困惑したことがあった。

あれはもう三年も前の二〇一五年のことか。或る夜、帰宅して仕事机に向かっていると、机の横のファックスが鳴りだした。カタカタ言って出てきたのは宛名も発信者の名もない紙一枚――

「アベ政治を／許さない」

なにごとか。右翼か左翼かの宣伝ビラか、と思った。ところがその字は太くて黒くて、いかにも墨痕淋漓《ぼっこんりんり》、立派なものだ。私はさすがにすぐにわかった。金子兜太書のスローガンを誰かがファックスしてくれたらしいと。

当時国会では安倍政権提案による国家安全保障強化の立法をめぐって、与野党が大いに揉めていた。議長席に野党議員がアメフト選手のように迫り、さらにその背広姿の塊の上に赤か青かの服の女性議員が飛び重なっていったりした。そんなテレビの画面を私は呆れ、また面白がって眺めていた。

やがて国会周辺では老若の善男善女が集まって毎夜デモを展開し、太鼓だかラッパだかで音頭をとりながら、「センソ／ハンタイ、センソ／ハンタイ」の御詠歌を唱え、いっせいに尻振りダンスを始めた。気取った若者が壇の上でその尻振りをやり、皆それに倣うのである。こんな能天気なエロティック・デモは、やりたいならば中国大使館の前ででもやればよい、どうせすぐ追い払われるだろうが――私はそう思わずにはいられなかった。滑稽で、みっともなくて、恥ずかしくて、テレビを見ていられなくなった。

彼らが金子先生の墨痕淋漓のコピーをそれぞれの手に掲げるようになるのは、それからすぐであり、同じことは国会内の委員会でも始まった。野党議員らは「アベ政治を／許さない」をわざとテレビカメラに写るように見せながら、議長席を襲いつづけたのである。

私が大いに当惑することになるのは、同じ二〇一五年の夏の「件《くだん》の会」でのことだった。件の会とは日本の現俳壇の指導者格の人々が十四、五人ほど集まって、結社の枠を身軽に越えて俳句を論じ、懇親するという会だ。ことに毎年六月には「みなづき賞」という俳句活動にかかわる受賞者を選んで、さくらんぼのたわわになる一枝や珍しい工芸作品や若干の賞金を委員たちのポケットマネーで出して贈るという活動をつづけている。いつもお茶の水の山の上ホテルをその授賞式の会場とし、俳壇最長老の兜太先生はほとんど毎回、熊谷から出てきて出席し、百人余りの俳人・俳句愛好の参会者たちのにぎわいの中、その第一列に坐る。黒田杏子《ももこ》さんがはなやかな声で座長役をつとめるというのがしきたりである。

二〇一五年度のみなづき賞では、その金子氏といとうせいこう氏が『東京新聞』第一面に毎日「平和の俳句」を募集し選考して載せている、という仕事が受賞対象となった。ついては私も出席してなにか一言述べよ、というのが杏子さんの命令だったのである。

当面の日本はまさにアベ政治で国際環境の急速な悪化に対処してゆく以外にないと考えている私は、いよいよスピーチの順番が廻ってきて、ほんとうに困惑した。目の前に坐っている大人兜太氏を私は心底から敬愛している。おそらく一茶以上に「荒凡夫」であり、秩父の山奥に棲む古い愛すべき一匹狼であり、その土地の「男巫《みこ》」であり、その一方で東大、海軍、日銀と進んできた豪胆な知的エリートであり、現代日本でおそらくもっとも雄渾《ゆうこん》な詩作を営んできた独創と寛容の人である。この老将の説く反戦・平和主義にしても、必ずやその辺のマスコミ人士の言い草とは違う根性の坐ったものであったに違いない。

だからこそ「アベ政治を……」などと大書しないで欲しかった。兜太氏の反戦句は、あの南洋トラック島での米軍捕虜一年余りの屈辱からようやく解放されて帰国するときの——

海に青雲《あおぐも》生き死に言わず生きんとのみ
水脈《みお》の果《はて》炎天の墓碑を置きて去る

の痛切な悔恨の数句ですでに十分だったのではないか。

私は敢えてそこまでは言わず、兜太氏の大好きな一茶が、文化元年(一八〇四)ロシア使節レザーノフの艦隊の長崎来航の情報に接したときに詠んだ一句——

春風の国にあやかれおろしや船

を引いて、日本民衆の間の一国平和主義の心情がいかに根深いものかを語ったのであった。

あのなつかしい兜太先生の九十八歳での大往生の後も、右の一件のみが一つのわだかまりとなって私の心に残っている。

(はが・とおる/東京大学名誉教授)

大山捨松——日本の近代の始まりを彩った女性

三砂ちづる

矢のように水中に飛び込む姿

捨松は、ほっそりとして優しい感じのする女の子でしたが、いつも元気いっぱいでどんな遊びにも喜んで入ってきました。……飛び込みを習い始めた頃、捨松はそのしなやかな身体を小さな橋の上から空中に舞いあげ、まるで矢のようにまっすぐに水中に飛び込んでいくのです。

（『ヴァッサー・クォータリー』一九一九年七月）

捨松の生涯の親友であったアリス・ベーコンとの書簡を元に、捨松の曽孫、久野明子が著した名著、『鹿鳴館の貴婦人』（中公文庫）に出てくる、〝お転婆娘捨松〟の姿である。捨松を思うとき、いつもこの鮮やかなイメージが浮かぶ。会津戦争の最中、家老の家の娘であり、鶴ヶ城内の不発弾に、濡れた布団をかぶせて怪我をした八歳の頃から、ほんの数年しか経ってはいまい。一八七一年、十一歳の時、日本初の五名の女子留学生の一人として、幼い津田梅子、永井繁子（のち瓜生繁子）らとともにアメリカに渡る。〝飛び込み〟は渡米直後の様子である。

この時点で、すでに、なんという人生か。思春期を迎えたばかりの捨松の目に、世界はいったいどれほど起伏に満ちたものとして映っていたことだろう。生と死と、戦争と苦難と、伝統と異文化と。全てをあまりに早く目撃し、それでいて、自失するほどに戸惑うことも、過去にとらわれることも、自らを閉ざすこともなく、しなやかな体を水中に泳がせる、聡明で活発で、早熟で、強い自我の持ち主。

そのような少女に、ドラマティックな人生以外、どのような将来が待っているというのか。武家のしきたりのうちに幼少時を過ごし、会津戦争を生き延び、コネティカット州ニューヘイブンで思春期を過ごし、エレガントな身のこなしも身につけ、とんでもなく聡明で、名門ヴァッサー大学の卒業時には、総代の一人として講演。卒業後、さらにアメリカ滞在延長を申請し、コネティカット看護婦養成学校で、日本人として初めてアメリカで看護婦の資格を得ても、いる。

女子教育や社会活動にも尽力

捨松帰国時、一八八二年の日本はもちろん、このように華やかで聡明なアメリカ仕込みの女性を社会的に活躍させることができる時代であったはずはないが、時代に負けるような捨松であるはずもなかった。会津の仇敵、薩摩人、しかも、当の捨松も籠城していた鶴ヶ城攻撃の要にいた大山巌に見初められ、後妻となる。長身で美しく、流暢な英語を操る。ドイツ語もフランス語もできる。夫との秘密の会話はフランス語であったという。「鹿鳴館の華」は文字通り彼女のためにあった言葉であるし、非の打ち所のない夜会服姿とダンス、外交プロトコルとしての舞踏会を際立たせる見事なホステスぶりが記録されている。鹿鳴館を舞台にチャリティーを催し、日本最初の看護学校（現在の慈恵看護専門学校）も設立している。先妻の娘三人を含め六人の子ども達を愛情深く育て、十八も歳の違う大山巌とのおしどり夫婦ぶりもまた、幾重にも記述された。捨松は、美しく伸びやかに、愛情深く、その生を生き切った。

誰よりも、華のある、日本近代の始まりを彩った女性。この人の助けなしに、近代女子教育を担うことになる津田梅子の女子英学塾は、ない。地味だが着実な梅子の力は、この華やかで愛情深い女性の力と相まって、輝きを増し、力ある女性を輩出し続ける津田塾の礎が形作られた。若い女性たちよ、時代の制約は常にあなたがたの上にあるが、どのような時代にあっても、愛情深く、伸びやかな生き方は可能である。恐れずに世界に飛び込んで欲しい。まっすぐに矢のように水に飛び込むごとく。捨松の眼差しを携え、若い女性を見守る今日の津田塾がある。

（みさご・ちづる／津田塾大学教授）

▲大山捨松（1860-1919）

会津藩の国家老・山川尚江重固と艶の、二男五女の末娘。幼名はさき。会津戦争では家族と共に籠城、負傷兵の手当や炊き出し、不発弾の処理などを手伝う。降伏後里子に出され、フランス人家庭に引き取られる。明治4年（1871）日本初の女子留学生として津田梅子らと渡米。その際、母が「一度捨てたと思って帰国を待つ（松）のみ」という思いから「捨松」と改名させた。牧師レオナード・ベーコン宅に寄宿。その末娘が親友となるアリス・ベーコン。ヴァッサー大学に進学し、学年三番目の通年成績で卒業。卒業後上級看護婦の免許を取得。15年に帰国し、16年陸軍卿大山巌と結婚。社交界の中心として活躍した。また、愛国婦人会理事、赤十字篤志看護会等の社会活動や女子英学塾（現津田塾大学）の設立・運営にも尽力した。

連載

今、世界は（第V期）2

プーチン・ロシアのパラドックス

木村汎

ロシアのプーチン大統領は、三月一八日の大統領選で圧勝した。約七七％の得票率は、彼が同じく当選した過去四回の選挙と比べて最高の支持率だった。彼の側近たちは、プーチンに「ボージド（頭領）」との尊称すら奉りはじめた。「ボージド」は、他に並ぶ者がない最高指導者という意味のロシア語で、従来スターリンに限って用いられていた名称だった。

ところが皮肉なことに、プーチン個人の権力がまさに頂点に達した時に、国家としてのロシアは内外に山積する難問を抱えながら次第に衰退してゆく――このような巡り合わせになった。例えばロシアの少子化傾向は最早や歯止めがかからず、ロシアは必要な労働力の確保にも兵士の補充にも事欠いている。経済は〝三重苦〟を解消しえないだろう。すなわち、原油価格の低下、ルーブル安、米欧諸国による経済制裁である。だからといって、経済改革は政治改革を誘発する危険があるので実施しえない。

もとより、対外的な侵略や冒険を敢行して国民の目を逸らすことも、むずかしい。というのも、米欧諸国は、クリミア併合、シリア空爆後にロシアが二度とそのような行動に出ぬよう厳重に警戒するようになったからだ。ロシア国民は「たんす預金」や政府の外貨準備高が底を突くのに我慢し切れなくなりつつある。

このようにして、合計して二十四年間に及ぶだろうプーチノクラシーは、ブレジネフ政権末期の「停滞」に似た状態に陥るに違いない。その間にプーチンは「レイムダック化」し、国民のみならず、側近エリートのプーチン離れを防止しえなくなる。己および家族の安全確保のためにも、それはならじと考えプーチンは二〇二四年以後も権力を確保しようとする誘惑に駆られるのではないか。その方法は、次のいずれかになる。一は、自らは首相に退くものの、己に忠実な人間を大統領ポストに就けて、院政を敷く（「鄧小平化」）。二は、ロシア憲法を改正し、半永久的に大統領に留まる（「習近平化」）。

（きむら・ひろし／北海道大学名誉教授）

■〈連載〉沖縄からの声［第Ⅳ期］3

沖縄・琉球の精神文化 2

神武東征と龍宮神

ミュージシャン　海勢頭《うみせど》 豊《ゆたか》

陰暦五月四日は、私の故郷平安座島でも海神祭が行われる。今年は、六月一七日の日曜日に当たるので、例年にない人出が予想される。祭り会場の漁港では、朝からハーリー鐘が打ち鳴らされ、爬《は》竜《りゅう》船競争の準備に入る。その日は、沖縄の離島各地でも海神祭が行われるが、平安座島は本島と四キロの海中道路で繋がっているため、毎年近隣からの参加者や観光客で賑わいを見せる。この海神祭の海神というのは、当然龍宮神ジュゴンのことである。龍宮神に漁民の安全と、五穀豊穣を祈願し、御願《うがん》バーリーを厳かに奉納してから、爬竜船競争を行う。ハーリーというのは爬竜のことで、海人の街糸満では、ハーレーという。

実は、和歌山県新宮市の熊野速玉《はやたま》大社秋の例大祭の一環として、熊野川下流にある鵜殿《うどの》村の御船祭が行われるが、その中にハレハレ踊りがあって、神船の競争を声援する賑わいが見られる。その鵜殿村のハレハレと糸満のハーレーとは、古代倭国の世直しにルーツがあって面白い。熊野川といえば神武東征神話に出てくる川だが、神武東征が古事記に書かれた嘘ではないことを今に伝えているのが、鵜殿村の御船祭ということになる。御船祭の本船に日の丸を掲げ、船べりには龍宮神信仰の象徴である三つ巴紋の旗が無数にはためくが、それは、かつての琉球船が、世直しの伝統として受け継いだものと同じである。その源流である鵜殿村の人々が、これまた伝統として、三世紀のヒミコによる神武東征を伝えているのであった。その証拠に、赤い派手な衣装で女装した男がヒミコの代役を務め、舳先に立って、それいけ、それいけとばかりに先導するのである。

龍宮神信仰の象徴三つ巴紋は熊野川を遡って奈良に入り、桜井市の三輪山を御神体にして、倭国が建国された。だがしかし、ヒミコ亡き後は大和族に政権を奪われ、熊野川を遡った三つ巴の象徴も八咫烏《やたがらす》にすり替えられ、今ではすっかり、日の丸も三つ巴紋の意味も分からなくなってしまった。だが、沖縄においてもそれは同じ。爬竜船の爬の字が、「巴」を乗せていることを忘れているのが現状で、琉球の精神文化の形骸化を心配するばかりである。

Le Monde

■連載・『ル・モンド』から世界を読む［第Ⅱ期］22

「任務完了」ではない

加藤晴久

四月七日、シリアのアサド政権は化学兵器を使用して子どもを含む自国民四〇人余りを殺害した。四月一一日付『ル・モンド』社説のタイトルは「欧米の反撃不可避」。

二〇一三年、自らが設定した「レッドライン」をアサド政権が越えたにもかかわらず、また、フランス空軍機が出撃態勢を整えていたにもかかわらず、オバマ大統領が最後の最後に豹変。以後、アサド政権は八五回、化学兵器を使用した。いま、米仏英の指導者はこの前例の破滅的な結果を自覚している。現米仏大統領も化学兵器の使用は最後の一線《レッドライン》だとしていた。今回の違反を黙視することは「国際法を尊重する諸国が、すでにかなり損なわれてしまっているクレディビリティを決定的に喪失することにつながる。そして戦争犯罪を犯す政権を処罰せずに放置することにつながる」。

四月一四日、米仏英三国はシリアの化学兵器製造拠点を爆撃した。四月一七日付『ル・モンド』社説のタイトルは「任務完了ではない」。限定的ではあったが、今回の爆撃には三つのメリットがあった。①化学兵器禁止などの国際条約を遵守せねばならないことを理解させる一方、ロシアの暗躍を牽制する効果があった。②米仏英三国がＥＵとＮＡＴＯの支持を得て行動することによって、ロシアの拒否権行使によって機能停止状態にある国連安保理に代わる「国際社会」が存在することを示した。③反アサド勢力の最後の拠点であるイドリブ県で化学兵器が使用されるのを抑止する効果が見込まれる。

社説は続ける。しかし「任務完了」ではない。今回の共同軍事行動を機に、七年間に及ぶ内戦に終止符を打つことができるような外交的政治的展望を切り開かなければならない。

わたしの見ている日本の新聞の四月一五日付社説のタイトルは「無責任な武力行使」。「国連安保理の同意もないまま攻撃に踏み切った」と非難する一方、米仏英とロシアの双方に自重をうながすお説教。いつものことだが、「良識」のぬるま湯にどっぷり浸かったおめでたぶり。

（かとう・はるひさ／東京大学名誉教授）

■連載・花満径 27

天子と祖霊

中西 進

ところで、さらに一つ疑問が残る。ここで聖武天皇が黄金が出土したからといって、大伴の忠誠を言い立てたのはなぜか。

じつは黄金を発見したのは高麗福信である。大伴も佐伯も、直接の関係はない。

この疑問に一つの解決のヒントをあたえるものに、中国の『詩経』がのせる征役詩がある。

征役詩とは、要するに朝廷が軍隊を出動させることをめぐる詩だ。たとえばその一つ「出車《すいしゃ》」（小雅、鹿鳴之什の内）の詩を例としていうと、すぐれた中国文学者・目加田誠氏は、全体六連の詩が始めは出征の様子、つぎに陣中のこと、それを思う家人のことを歌い、最後に戦役をおえた男たちが帰還し、村に平和が戻った様を歌うとする。

ところが征役詩の中に王命を下す王の他に君子が登場し、その力によって勝利がもたらされるとする。

そしてこの君子とは祖先の霊をさすという。つまり王事は祖先の霊と一体となって遂行できるものだと、古代中国人が考えたことになる。

軍事力とは命令を発する天子の力と、祖霊という君子の力との合力をいうのであり、この思想が古代日本にも及んでいたとすると、王事を全うしようとする軍事力をもつ大伴氏も、みずからの一族としても祖霊の力が不可欠となる。

さらに君子を祖霊とする根拠は、君も善も弔もすべてなよやかな人体をさす文字だ（加藤常賢）という点にある。一種の文化力、心力が王のもつ武力の他に要求されるのが、戦争というものらしい。

たしかに天子も天命をうける徳を有するはずだし、その徳は天地の現象——たとえば竜が出現するなどと語られる現象をもって証明されるのがアジアの通念だから、いま黄金の出土は、まさに有徳の証明なのである。

勝利者としての権力と君子力——心の権威力との一体性。そのような理想図の描写に、言の官《つかさ》である大伴氏の、祖先伝来の言立てが、いま応用されたのではないか。

（なかにし・すすむ／国際日本文化研究センター名誉教授）

〈連載〉生きているを見つめ、生きるを考える ㊴

アインシュタインの脳はどこが違うのか

中村桂子

生命科学研究の中でふと出会ったトピックスをとり上げているので、話があちこちへ飛ぶことをお許しいただきたい。

今回は、アインシュタインの脳との出会いである。図抜けて優れた知性を示した人物の脳にはどんな特徴があるのか。脳神経解剖学者M・ダイヤモンドが大脳皮質連合野など知性に関わる部分の神経細胞(ニューロン)の大きさや数を計測したところ、四十七歳から八十歳の男性十一人の脳と何ひとつ差異はなかった。ところが、神経膠《こう》細胞(グリア)はアインシュタインには他の人の二倍あることがわかったのである。とくに抽象的概念や複雑な思考を司る頭頂葉皮質での差が顕著だった。神経細胞の接着役、せいぜい栄養補給係としか見られて来なかったグリアが、実はもっと大事な役割をしているのではないかと思わせる結果である。

グリアには四種がある。末梢神経にあるシュワン細胞と、脳・脊髄に見られるオリゴデンドロサイトは、ニューロンの軸索の周囲にミエリン鞘《しょう》を形成し緩衝の役をする。ミクログリアは脳の損傷の回復に関わるなど病気や損傷から守る役割をする。もう一つのアストロサイトはニューロンの生存やミエリン鞘の形成などに関わっている。

神経科学者でピアニストのF・ウレーンがグリアに注目し、プロのピアニストは右脳にある白質神経束の一部を覆うミエリンが通常より厚いことを示した。ここは指の運動を制御する領域から軸索を運んでいる。ピアノレッスンの開始時期や、さまざまな年齢での練習時間との関係を調べたところ、まさに練習時間がミエリンの厚さと比例していた。

研究は始まったばかりだが、われわれ脊椎動物と無脊椎動物の違いの一つがグリアの存在であることからも、このはたらきの重要性は予測できる。脳のはたらきと聞くと反射的にニューロンを思い浮べるが、精神疾患や多発性硬化症など神経の病気にもグリアが関わっていることがわかりつつある。思い込みを捨て、新しい脳の姿を見ていきたい。

(なかむら・けいこ/JT生命誌研究館館長)

連載　国宝『医心方』からみる　15

レタスの文化史と効能

槇 佐知子

以前、横浜の妙蓮寺に二年ほど住んだことがある。駅のすぐ近くに、老夫婦の営む八百屋があった。夫婦はまるで我が子のように野菜の一つ一つを慈み、商っていた。その店のレタスは、とても美味しかった。

今年は天候のせいで野菜が法外の高値で、レタスもカットして売られていたが、最盛期となり、長野、茨城、淡路など各地産のレタスが山積みで、手頃な値段で入手できほっとしている。

キク科一―二年草のレタスは六五〇〇年も昔からエジプトで栽培され、中国では白苣《バイジュ》の名で隋代以前には栽培していたようだ。日本では『続日本紀』に白苣が登場。和名を知佐《ちさ》といった。

『医心方』にみるその効能は、

○性は冷で無毒
○視力を良くするのが主《おも》な効能である
○食欲増進に必要なものである
（崔禹錫）

○性は寒である
○筋肉の力を補うのが主な効能である
（孟詵）

○五臓をじょうぶにする
○胸膈《きょうかく》をひらいて寒気を防ぐ
○経脈のめぐりを良くする
○筋や骨の養分となる
○歯を白く浄らかにする
○聡明にする
○睡ってばかりいなくなる
○やや冷の気があるが、身体に害を与えない
●ただし、出産後には冷えで下腹が痛くなるので食べてはいけない
（膳〈悟〉玄子張）

などの説がある。

当時は食用のほか、外用薬として塗布したり、患部に液を滴らせたり、煎じて内服した。

現代中国の『中葯（薬）大辞典』では、清熱解毒、止瀉《ししゃ》の効能を認め、熱毒瘡腫や口渇の主治薬としている。

私は第十二胸椎圧迫骨折をしたとき、納豆と玉葱のみじん切りをシラス干しと一緒にゴマ油で炒め、レタスの葉に包んで毎日食べ、後遺症なく全治した。

（まき・さちこ／古典医学研究家）

五月新刊

真に「私」が「私」であるために

からだが生きる瞬間

竹内敏晴と語りあった四日間

竹内敏晴ほか

稲垣正浩・三井悦子編

衝撃作『ことばが劈かれるとき』以来、「からだ＝ことば」の視点から人と人との関係を問うてきた演出家・竹内敏晴が、スポーツ、武道など一流の「からだ」の専門家たちと徹底討論。「じか」とは何かという竹内晩年のテーマを追究した未発表連続座談会の記録を、ついに公刊。

四六上製　三二〇頁　三〇〇〇円

六月刊になりました

初の本格的評伝

竹下しづの女

理性と母性の俳人 1887–1951

坂本宮尾

「「女人高邁芝青きゆゑ蟹は紅く」（しづの女）――それまでの女流俳句の通念を見事に打ち破った勁利な美質に、私はおどろき、たちどころにしづの女俳句のファンになったものだ」（金子兜太）。職業婦人の先駆けであり、金子兜太、瀬田貞二らを輩出した「成層圏」誌の指導者であった生涯をたどり、難解で知られる俳句を丁寧に鑑賞。

口絵カラー4頁

四六上製　三九二頁　三六〇〇円

「在日」を生きはじめた初期作品集

金時鐘コレクション（全12巻）

1 日本における詩作の原点

第3回配本

詩集『地平線』ほか　未刊詩篇、エッセイ

口絵4頁

〈解説〉佐川亜紀

「行きつけないところに　地平があるのではない。／おまえの立っている　その地点が地平だ。」――第一詩集『地平線』ほか初期詩篇、童話、エッセイ等。作品の背景をつぶさに語る著者インタビューを収録。

月報＝野崎六助／高田文月／小池昌代／守中高明

四六変上製　四四〇頁　三二〇〇円

最近の重版より

岡田英弘著作集（全8巻）
四六上製布クロス装

2 世界史とは何か（3刷）　五二〇頁　四六〇〇円

3 日本史とは何か（3刷）　五六〇頁　四八〇〇円

苦海浄土　全三部（5刷）
石牟礼道子
四六上製　一一四四頁　四二〇〇円

完本　春の城（3刷）
石牟礼道子
四六上製　九一二頁　四六〇〇円

石牟礼道子全集　不知火（全17巻・別巻一）
A5上製貼函入布クロス装

6 常世の樹・あやはべるの島へほか　エッセイ1973-74（2刷）
解説・今福龍太　六〇八頁　八五〇〇円

12 天湖ほか　エッセイ1994（2刷）
解説・町田康　五二〇頁　八五〇〇円

13 春の城ほか（2刷）
解説・河瀬直美　七八四頁　八五〇〇円

読者の声

現場とつながる学者人生■

▼近年買った本の中では一番と言えるくらい興味深い。
こちらが十歳年下で、関東と関西の仕事場のちがいはあるが、関連した分野も多いので、じっくり読める。

（埼玉 山本孝志）

百歳の遺言■

▼大田先生と中村桂子さんというとりあわせがすばらしい。百歳の先生がなお学ぼうという姿勢も刺激的です。
子育て中の人に勧めます。「悩んだり、行き詰ったら、読んで見て」と。

（千葉 神惇子 74歳）

声なき人々の戦後史㊤㊦■

▼戦後の豊かさの本質を突いた感銘のルポ。
（東京 歯科医師 朝比奈敏行 72歳）

多田富雄コレクション（全5巻）■

▼藤原書店が存在することが心強い限りです。（神奈川 相原誠 68歳）

無常の使い■

▼石牟礼道子さんの真情あふれる追悼記であると感じながら読んでおります。
（兵庫 藤原裕 81歳）

明治の光・内村鑑三■

▼人生のたそがれを迎えましたこの頃、大病の手術も終え、やはり、この人生でイエス・キリストに出会った意味と深い喜びを感ぜざるを得ません。そこに尽きるように思います。
言葉の多いさかしらな人の中に感じるより、ただ言葉少なく真剣に生きている人の中に主のおもかげを観るようになりました。

永田町の政治家には失望するだけです。

（大阪 黒田正純 76歳）

完本 春の城■

▼石牟礼さんの本はいつも気になりながら読んでいません。長年にわたり彼女を支えてこられた藤原書店に心より感動とお礼を申しあげます。『機』を読むだけでどんなにかすばらしい魂の持ち主だった方なのでしょうネ。お悼み申しあげます。貴社の存在が私の心の支えです。
（信仰のウスイ信者ですが、隠れキリシタンの墓など調べています。）

（山口 三宅阿子 77歳）

苦海浄土 全三部■

▼赤坂真理さんの書評をよんで感動し、近くの書店で注文したが、こんなぶ厚い本とは思わんかった……（考えてみりゃわかる話なのですが）。
読了して石牟礼さんご本人にサインもらいに行こうと思ってたので今日のご逝去はたいへんショックです。

藤原書店はいい本をたくさん出しておられます。これからも期待しております。

（大阪 公立図書館司書及主婦 島村伊佐子 52歳）

改宗者クルチ・アリ■

▼まさに、「地中海」の時代を描いた作品、わくわくしながら読みました。
作品中グレゴリオ暦とイスラム暦の一年の日数の差からくる話題が出てくるが、当時トルコでは太陽暦を使うことはなかったのだろうか。

（東京 会社員 川崎晋 44歳）

範は歴史にあり■

▼過日、当該本の発行を知り、作者名と歴史という本題に関心があり、書店に注文、入手して通読しました。さすが五郎さんの大傑作です。大和民族たる人格がにじみ出ております。大和心底から心酔の大作です。
特に文中、或は戦艦大和と吉田海軍士官の場面、或は相浦大尉の浮き

袋の遺贈の悲壮な場、また臼淵大尉の死生観、一燈を提げて暗夜を行くの教訓、岡義武教授のワイマール共和国の悲劇、政治家の地道な活動の天職、戦略的外交の態勢等々良き大作に恵まれ、感銘の本を得、八十路を登りつめた人生で感謝です。ありがとうございます。三十年二月了。

（秋田 元国家公務員（厚生労働省） 87歳）
橋本孝

※みなさまのご感想・お便りをお待ちしています。お気軽に小社「読者の声」係まで、お送り下さい。掲載の方には粗品を進呈いたします。

書評日誌（三・三〇～四・二九）

(書) 書評 (紹) 紹介 (記) 関連記事
(T) テレビ (イ) インタビュー

三・三〇 (書)週刊読書人「胡適」（「中国の現代思想を議論するために」／「本道中の本道をモチーフに描く」／丸川哲史）

三・三一 (紹)読売新聞（夕刊）［いま、なぜ金時鐘か］（「よみうり抄」）

四・一 (紹)東京新聞『私には敵はいない』の思想」（「自由な中国へ 覚悟の行動」／麻生晴一郎）

四・二 (紹)朝日新聞［いま、なぜ金時鐘か］

四・二 (記)毎日新聞（夕刊）「歴史の不寝番」（「特集ワイド」／『亡命』韓国人 鄭敬謨さん93歳 祖国に春は来ますか？」／「朝鮮半島統一に生涯ささげ」／鈴木琢磨）

四・二～ (紹)共同配信［いま、なぜ金時鐘か］（「文化・芸術」）

四・八 (書)奈良新聞「釈伝 空海」（「史実と仮説織り成す一代記」）

(書)中國新聞「もう「ゴミの島」と言わせない」（「産廃撤去 住民闘争の記録」／宮崎智三）

(紹)静岡新聞「金時鐘コレクション 第2巻」（「あらかると」／「幻の詩集復元」）

四・一三 (イ)中國新聞「百歳の遺言」（「文化」／「教育の役割100歳の言」／「三原出身 大田堯さん対談集」／野崎建一郎）

四・一四 (記)図書新聞［シンポジウム「今なぜ、竹山道雄か」］（「連載184 思考の隅景」／『歴史に学ぶ』傲慢さと『歴史を学ぶ』無力さとの落差について」／『竹山道雄セレクション』（藤原書店）刊行記念シンポジウムより」／稲賀繁美）

(イ)東京新聞（夕刊）「金時鐘コレクション」（「文化／土曜訪問」／「幻の詩集 収めた著作集刊行」／『痛さ』思い書き続ける」／小佐野慧太）

四・一六 (紹)毎日新聞［いま、なぜ金時鐘か］（「金時鐘さん著作集 出版記念イベント」／「新宿・自作の朗読詩など」／明珍美紀）

四・二二 (紹)京都新聞［伊都子忌コンサート］

四・二三 (紹)京都民報［伊都子忌コンサート］

四・二三 (書)山陽新聞「もう「ゴミの島」と言わせない」（「産廃と闘った住民の記録」／影山美幸）

四・二四 (紹)朝日新聞【京都版】［伊都子忌コンサート］（「岡部さん没後10年 しのぶコンサート」）

四・二九 (書)毎日新聞「完本 春の城」（「今週の本棚 鼎談 石牟礼道子――さまざまな視点から」／「水俣の闘いと重なる」／推薦・田中優子）「天湖（石牟礼道子全集 第12巻」（同／「石牟礼文学読み解く」／推薦・三砂ちづる）「椿の海の記【河出文庫版】」（同／「死と生 官能的に表現」／推薦・平松洋子）

岡部伊都子　没十年

伊都子忌　想い、語るコンサート

二〇一八年四月二九日（日）午後二時半　於・洛陽教会（京都）

随筆家・岡部伊都子さんが亡くなって十年。小社からは『思いこもる品々』『古都ひとり』等、晩年の著書を十六点、出版している。没十年コンサートでは、病床の岡部さんに何度も歌を贈った**李広宏さん**が、日本語と中国語で「夏の思い出」「故郷」「千の風になって」等を。

日本の植民地支配への加害の思いを失うことのなかった岡部さんを想い、**李《イ》順《スン》子《ジャ》さん**は「イムジン河」「長いアリラン」「鳳仙花」等を。

沖縄戦で婚約者を失った岡部さんと深い交流のあった**海勢頭豊さん**は、「月桃」「喜瀬武原《きせんばる》」「島になって」等を。ヴァイオリンに海勢頭愛さん、ヴォーカルに島田路沙《みちさ》さん。

岡部さん『遺言のつもりで』朗読コンサートを共に開いた**野田淳子さん**は、「おむすびの味」等から朗読、そして歌「死んだ男の残したものは」等を。

「パンの笛」奏者**岩田英憲さん**は鎮魂の演奏「我が胸切に求む」「光あれ」等を奏でた。（記・編集部）

『金時鐘コレクション』。（全12巻）発刊記念

今なぜ、金時鐘か

二〇一八年五月二十六日（土）午後一時半　於・東成区民センター（大阪）

四月の東京での開催に続く大阪での催しは、定員を超え立錐の余地なく熱気に溢れた。まず**姜信子氏**（詩人、エッセイスト）の基調講演「日本語を越えてゆく――わたしの「切れて、つながる」」。

続いて**金時鐘氏**の講演と詩朗読。済州島四・三事件に関わる詩、東日本大震災に関わる詩。

第二部はシンポジウム。**河津聖恵氏**（詩人）「日本語の〝私〟が他者に開かれたものになっていないことへの痛烈な批判」。**佐川亜紀氏**（詩人、韓国詩・在日詩研究）「南北分断、かつて金時鐘の詩を圧したものについて日本人は無自覚。金時鐘の詩は歴史を孕む」。**趙博氏**（歌手・俳優・物書き）「第二の金時鐘は現れない。だから今読むしかない」。**細見和之氏**（ドイツ思想／京都大学教授）「国民文学を解体し、表現言語に違和を内在する世界文学――まさに金時鐘の詩」。コーディネーターは文京洙氏（政治学／立命館大学特任教授）。（記・編集部）

七月新刊予定

＊タイトルは仮題

鶴見和子、生誕百年記念出版

遺言〈増補新版〉

斃れてのち元まる

鶴見和子

本年は、近代化論を乗り越える「内発的発展論」を提唱すると共に、南方熊楠の思想を読み解いた国際的社会学者、鶴見和子氏の生誕百年の年。最後のメッセージを集成した遺著『遺言』（二〇〇七年）に、最晩年、京都御所で天皇、皇后両陛下との会見の回想記と生前最後の『いのちを纏う』出版記念シンポジウム（志村ふくみ・川勝平太・西川千麗）の記録を収録。

森はミツバチを育み、ミツバチは森を支える

森とミツバチ

宮脇 昭（植物生態学者）

山田英生（山田養蜂場代表）

〝いのちの森づくり〟に生涯を賭ける宮脇昭との出会いで、ミツバチを守る森づくりに社ぐるみで取り組むようになった山田英生氏。新聞で行われた連続対談〝すべてのいのちと未来を守るために、今何をするべきか〟を加筆補正して、小学校高学年から読めるように編集した日本人必読の書。人類が営んできた〝養蜂〟を通して、自然と人間のつながりが見えてくる。

今、仏で最も注目される小説家！

エロシマ

ダニー・ラフェリエール（仏アカデミー・フランセーズ）

立花英裕訳

「原爆が炸裂した朝、一組の若い男女がヒロシマの街で愛し合っている」――文化混淆の街モントリオールを舞台にした日本女性と黒人男性との同棲生活。人種、エロス、そして死を鮮烈にスケッチする俳句的ポエジー。破天荒な話題作を続々と発表し、アカデミー・フランセーズ会員にも選ばれたハイチ出身のケベック在住作家による邦訳最新刊。

稀有な一家の、内側からの八十年史

看取りの人生

妹の眼で見た鶴見家

内山章子

作家・政治家の父・鶴見祐輔、後藤新平長女の母・愛子、国際社会学者の姉・和子、哲学者の兄・俊輔――稀有な一家の次女として「人の御世話をするよう」の哲学を貫いてきた著者の半生記。

朝鮮人が日本語で書くことの意味とは

金時鐘コレクション（全12巻）

7 在日二世にむけて

「さらされるものと、さらすものと」ほか　文集Ⅰ

［第4回配本］

湊川高校朝鮮語教員として、金嬉老事件の証人として――一九五〇～七〇年代後半に綴られた、日本社会の欠落を突く評論。〈解説〉四方田犬彦

6月の新刊

タイトルは仮題、定価は予価。

評伝 横井小楠 ＊
未来を紡ぐ人 *1809-1869*
小島英記
四六上製 三三六頁 二八〇〇円

処女崇拝の系譜 ＊
A・コルバン
山田登世子・小倉孝誠訳
四六変上製 二二四頁 二二〇〇円
カラー口絵8頁

竹下しづの女 ＊
理性と母性の俳人 1887-1951
坂本宮尾
四六上製 三九二頁 三六〇〇円
カラー口絵4頁

市民社会と民主主義 ＊
レギュラシオン・アプローチから
山田鋭夫・植村博恭・原田裕治・藤田菜々子
A5上製 三九二頁 五五〇〇円

金時鐘コレクション（全12巻）〔第3回配本〕
1 日本における詩作の原点 ＊
詩集『地平線』ほか未刊詩篇、エッセイ
〈解説〉佐川亜紀 〈解題〉浅見洋子
〈月報〉野崎六助／高田文月／小池昌代／守中高明
四六変上製 四四〇頁 三二〇〇円
口絵4頁

7月刊以降

遺言 増補新版 ＊
斃れてのち元まる
鶴見和子

森とミツバチ ＊
宮脇昭・山田英生

エロシマ ＊
D・ラフェリエール
立花英裕訳

看取りの人生 ＊
妹の眼で見た鶴見家
内山章子

金時鐘コレクション（全12巻）〔第4回配本〕
7 在日二世にむけて ＊
「さらされるものと、さらすものと」ほか 文集I
〈解説〉四方田犬彦 〈解題〉細見和之

好評既刊書

からだが生きる瞬間 ＊
竹内敏晴と語りあった四日間
竹内敏晴ほか著
稲垣正浩・三井悦子編
四六上製 三二〇頁 三〇〇〇円

「海道東征」とは何か
新保祐司
四六判 二〇八頁 一八〇〇円

現場とつながる学者人生
市民環境運動と共に半世紀
石田紀郎
A5判 三四四頁 二八〇〇円

金時鐘コレクション（全12巻）〔第2回配本〕
8 幼少年期の記憶から
「クレメンタインの歌」ほか 文集II
〈解説〉金石範 〈解題〉細見和之
四六変上製 四二四頁 三二〇〇円
口絵2頁

百歳の遺言
いのちから「教育」を考える
大田堯・中村桂子
B6変上製 一四四頁 一五〇〇円

奇妙な同盟 I II
ルーズベルト、スターリン、チャーチルは、いかにして第二次大戦に勝ち、冷戦を始めたか
J・フェンビー 河内隆弥訳
四六上製 I三六八頁 II三八四頁 各二八〇〇円
口絵各8頁

もう「ゴミの島」と言わせない
豊島産廃不法投棄、終わりなき闘い
石井亨
四六判 四〇〇頁 三〇〇〇円

プーチン 外交的考察
木村汎
A5上製 六九六頁 六五〇〇円

＊の商品は今号に紹介記事を掲載しております。併せてご覧戴ければ幸いです。

書店様へ

▼『「海道東征」への道』などで今年の正論大賞を受賞された**新保祐司さん**。5／27(日)『毎日』でも『**明治の光 内村鑑三**』が書評に。最新刊『**「海道東征」とは何か**』、**別冊『環』⑱『内村鑑三』**、『**異形の明治**』などミニフェアはいかが？▼5／13(日)『毎日』で『**胡適**』が大書評。「思想と行動を丹念に跡づけた基本文献」（加藤陽子）▼4／20(金)『朝日』インタビュー記事に続き、5／19(土)『毎日』でも**金時鐘**さんのコレクション発刊インタビュー記事が大きく掲載！ 東京、大阪での**発刊記念シンポジウム**はともに超満員！▼『文藝春秋』7月号で**J・フェンビー『奇妙な同盟』**の書評（出口治明氏）、6／10(日)『読売』で**石井亨『もう「ゴミの島」と言わせない』**書評（塚谷裕一氏）掲載。▼百歳になられた"教育研究者"**大田堯**さんと「生命誌」という新領域のパイオニア**中村桂子さん**との対談『**百歳の遺言**』忽ち重版。『朝日』社会面での紹介以来、静かに全国に広がっているようです。まだ書店に届いてなければ是非一冊ご注文下さい。必ず読者の心に響くものと確信致します。

（営業部）

二〇一八年度後藤新平の会

第12回後藤新平賞授賞式

本賞　**玉井義臣氏**（「あしなが育英会」会長）

【シンポジウム】後藤新平の
「生《せい》を衛《まも》る道」を考える

青山佾／加藤陽子／山本保博／和田みき子（50音順）

〈講談〉「後藤新平」**田辺鶴遊**　（司会）**橋本五郎**

【日時】7月7日（土）授賞式11時／シンポジウム13時開会（30分前開場）
【場所】日本プレスセンターABCホール
【会費】一般二千円　学生千円（授賞式無料）
＊問合せ＝藤原書店内「後藤新平の会」事務局

追悼・石牟礼道子

石牟礼道子と出逢う

〈講演〉**赤坂真理**〈歌〉**米良美一**
〈語り〉**佐々木愛ほか**

【日時】7月13日（金）17時半開演（17時開場）
【場所】座・高円寺2（JR「高円寺」徒歩5分）
【会費】三千円（全席自由・先着順）
【定員】二五六名（先着順）＊問合・申込＝藤原書店

●〈藤原書店ブッククラブ〉ご案内●
▼会員特典は、①本誌『機』を発行の都度ご送付／②（小社への直接注文に限り）小社商品購入時に10％のポイント還元／③送料のサービス。その他小社催しへのご優待等。詳細は小社営業部まで問い合せ下さい。
▼年会費二〇〇〇円。ご希望の方はその旨お書添えの上、左記口座までご送金下さい。
振替・00160-4-17013　藤原書店

出版随想

▼梅雨の時期に入った。沖縄はもう梅雨が終わり夏に入っていることだろう。あの暑い夏、六月二三日待たず落城し、日本国は敗戦が決定的になるが、その後も主要都市が殆んど空襲空爆に遭い、広島・長崎は、前人未踏の核爆弾の落下。ようやく八月一四日ポツダム宣言を受諾した。この間、約二カ月足らず。いまだにこの「戦争責任」が問われている。誰が？どうしてもっと早く止めることができなかったか……。

▼敵国アメリカでは、この戦争が終わるや否や、戦勝に国民たちは酔いしれるだけでなく、この「戦争責任」を問題とする動きが少なからずあった。「戦争に参加しない」国アメリカがどうして戦争に突き進んでいったのか？　その先陣を切ってこの問題を究明しようとした人が、チャールズ・ビーアド博士である。’46年夏に、『「戦争責任」はどこにあるのか』（邦訳’18・1）’48年春には、出版直後、不買運動が起きる衝撃作『ルーズベルトの責任』（邦訳は’12・1）を出版した。その半年後、病いの中で亡くなった。

▼二〇一三年六月、『ルーズベルトの責任』日本語版の序文を戴いたビーアド氏の孫、ハーバード大学名誉教授D・F・ヴァクツ氏と、ボストンの病院の集中治療室で面会の機会を得た。氏は、横になって居られた躰を起こし、今回の出版の労をねぎらわれた後、「チャールズも偉かったが、祖母のメアリーはもっと偉い人だった」とはっきりした言葉で語られた。その言葉が気になって仕方なかったので、帰国後も色んな方々にメアリーのことを問い合わせたが、知る人は誰も居なかった。唯一、上村千賀子著『女性解放をめぐる占領政策』という本に、メアリーのことが触れてあることが判明した。

▼上村さんによると、戦後占領下、GHQは、日本のことを知悉するメアリーを、戦後日本の女性政策の責任者に抜擢したが、体調不良で来日できなかった。しかし、来日した若いウィードは、メアリーに日本の事情を何度も書簡で尋ねた記録が残っている。日本では、女性初の代議士、加藤シヅエが、二二年の初来日以来、メアリーの若い通訳者として交流してきたことがわかった。今や殆んどの日本人に忘れられてしまっているメアリーが、戦後日本の女性政策に重要な役割を担ってきたことがわかった。

▼言論の重要性、記録・保管の重要性を、今われわれ日本人は問われているのではないか。大切なことは、われわれの躰の中にしかと銘記しておかなければならないことを。（亮）